V&R

■ FRÜHE BILDUNG
UND ERZIEHUNG ■

Vandenhoeck & Ruprecht

André Frank Zimpel

Lasst unsere Kinder spielen!
Der Schlüssel zum Erfolg

Mit 9 Abbildungen und einer Tabelle

4. Auflage

Vandenhoeck & Ruprecht

Bibliografische Information der Deutschen Nationalbibliothek
Die Deutsche Nationalbibliothek verzeichnet diese Publikation in der
Deutschen Nationalbibliografie; detaillierte bibliografische Daten sind
im Internet über http://dnb.d-nb.de abrufbar.

ISBN 978-3-525-70129-4

© 2016, 2011, Vandenhoeck & Ruprecht GmbH & Co. KG,
Theaterstraße 13, 37073 Göttingen /
Vandenhoeck & Ruprecht LLC, Bristol, CT, U.S.A.
www.v-r.de
Alle Rechte vorbehalten. Das Werk und seine Teile sind urheberrechtlich
geschützt. Jede Verwertung in anderen als den gesetzlich zugelassenen Fällen
bedarf der vorherigen schriftlichen Einwilligung des Verlages.
Printed in Germany.

Satz: SchwabScantechnik, Göttingen
Druck und Bindung: ⊕ Hubert & Co GmbH & Co. KG,
Robert-Bosch-Breite 6, 37079 Göttingen

Inhalt

Vorwort 7

Einleitung 9

Teil I: Spiel befreit das Denken von der Wahrnehmung 11

Ein Garten für Kinder 13
Die Entdeckung des Spiels als Bildungswert
Ein Platz zum Spielen · Erziehen und Gärtnern · Traumatische
Erziehungserfahrungen · Wissenschaft in Windeln

Erziehung ohne Grenzen 21
Die Macht der Rückmeldung
Klassische Konditionierung · Operante Konditionierung · Grenzen
der Verstärkung · Computerspiele

Wenn Spiel ernst ist 31
Geistige Nahrung für das Gehirn
Selbstständigkeit · Spielen, Lernen und Arbeiten · Ernstspiel · Sensible
Phasen · Polarisation der Aufmerksamkeit

Luftschlösser und Traumwelten 43
Welchen Wert hat das Spiel als Ersatzhandlung?
Senso- und Mnemomotorik · Die Macht des Irrealen ·
Aufforderungscharaktere · Sättigung · Ersatzwert als Abstraktion

Teil II: Spiel zeigt die nächste Entwicklungsstufe 55

Ich-zentrierte Kinder 57
Die Balance zwischen Wunsch und Erfahrung
Egozentrismus · Entwicklungsstufen als Äquilibration · Spiel als
Assimilation · Nachahmung als Akkommodation

An sich, für andere, für mich 71
Die Zone der nächsten Entwicklung
Warum Kinder gar nicht so egozentrisch sind · An und für sich · Spiel
als Zone der nächsten Entwicklung · Ungleiche Zwillinge · Wünsche als
Vorboten wachsender Fähigkeiten

Teil III: Spiel und das Optimum der Aufmerksamkeit 89

Der Fantasie Flügel verleihen 91
Objekt-, Sujet- und Rollenspiele
Das kooperative Gehirn von Säuglingen · Vorsprachliche Objektspiele ·
Zeigegesten und Gebärdensprache · Von Menschenaffen und
Menschenkindern · Sujet- und Rollenspiele

Trotzig oder selbstbewusst? 109
Spielstufen und Übergänge
Beziehungskommunikation · Trotzreaktionen und Spiel · Vom
Körperselbst zum Ich-Gefühl · Sensorische Integration im Rollenspiel ·
Spielstufendiagnostik

Nichts weggenommen – nichts hinzugetan 127
Wiederholung, Aufmerksamkeit und Auffälligkeit
Was Vorschulkindern richtig schwer fällt · Worin Vorschulkinder
unschlagbar sind · Geistige Entwicklung im spieltheoretischen Modell ·
Metakompetenzen für bildungshungrige Kinder

Nachwort 143

Anmerkungen 147

Personenverzeichnis 155

Stichwortverzeichnis 157

Vorwort

Wenn Kinder nicht mehr frei und unbekümmert spielen können, so ist das ein untrügliches Anzeichen einer schweren Störung. Zu suchen ist diese Störung allerdings nicht bei den Kindern, sondern bei denjenigen Personen, die den Kindern ihre angeborene Lust am freien, unbekümmerten Spiel geraubt haben.

Es wird noch einige Zeit dauern, bis diese Erkenntnis bei allen Eltern und Frühpädagogen angekommen ist. Zu tief und zu fest hat sich die Überzeugung in die Hirnwindungen der meisten Erwachsenen eingefressen, dass Kinder so früh wie möglich und so effizient wie möglich auf die Anforderungen unserer gegenwärtigen Leistungsgesellschaft vorbereitet werden müssen. Aber Kinder funktionieren nicht wie Maschinen. Und das kindliche Gehirn ist auch kein Computer, den es möglichst effizient zu programmieren gilt, oder gar so etwas wie ein leeres Fass, das mit möglichst viel Wissen abzufüllen ist. Wer das glaubt und den Kindern deshalb immer früher und immer intensiver all das beizubringen versucht, worauf es seiner Meinung nach heutzutage ankommt, hat sich einen fatalen Knoten in seine Gehirnwindungen gebaut. Nicht absichtlich, sondern aus Sorge und Angst um die zukünftige Entwicklung seiner eigenen oder der ihm anvertrauten Kinder. Angesichts des wachsenden Leistungsdrucks und des immer früher einsetzenden Wettbewerbs um gute Zensuren und Abschlüsse ist diese Angst verständlich: Aber wer Angst hat, kann nicht mehr klar denken, der wird anfällig für alle möglichen Angebote und Versprechungen, der sieht nicht mehr das jeweilige Kind mit seinen Bedürfnissen und all dem, was es an Begabungen in sich trägt. Der sieht allzu leicht nur noch das, was es noch nicht kann und was ihm deshalb noch beigebracht werden muss. Und der versorgt dann sein Kind so gut wie möglich mit allem, was an Lernförderungsgeräten, -kursen und -programmen angepriesen wird, bis das Kinderzimmer voll gepackt ist mit all diesen Gerätschaften und der Tagesablauf ausgefüllt ist mit all diesen Kursen und Programmen.

Aber wie soll aus Kindern, die auf diese Weise abgefüllt werden, jemals etwas Eigenes herauskommen? Wann finden solche Kinder noch Gelegenheit, sich selbst etwas auszudenken, etwas selbstständig zu entdecken oder aus sich selbst heraus etwas zu gestalten?

Der Erfahrungsraum, in dem all das möglich wäre, wo sie ihrer Fantasie freien Lauf lassen können, wo sie sich und ihre Möglichkeiten erkunden, ihre eigenen Fähigkeiten erproben, ihrer Entdeckerfreude und Gestaltungslust unbekümmert und absichtslos nachgehen können, ist das freie Spiel. Nur dort, wo Kinder frei und unbekümmert spielen können, haben sie Gelegenheit, die in ihnen angelegten Potenziale zu entfalten. Aus sich selbst heraus und mit der damit einhergehenden Begeisterung über sich selbst.

Es hat lange gedauert, bis die Entwicklungspsychologen und Verhaltensforscher diese besondere Bedeutung des Spiels verstanden haben. Sie besteht nicht darin, später im Leben benötigte Fähigkeiten und Fertigkeiten einzuüben und zu trainieren, wie man das bisher geglaubt hatte. Die Bedeutung des freien Spiels dient bei kleinen Kätzchen, bei jungen Hunden, bei Affenkindern und allen anderen lernfähigen Tieren darin, das Spektrum der eigenen Möglichkeiten zu erkunden und zu erproben, also kennenzulernen, was alles geht und was alles möglich ist. Im freien, unbekümmerten und nicht von Erwachsenen gelenkten Spiel lernen all diese Tierjungen und natürlich erst recht unsere Kinder sich selbst im eigenen Handeln und im gemeinsamen Handeln mit anderen kennen. Wer Kindern diese Erfahrungen vorenthält, behindert sie an der Entfaltung der in ihnen angelegten Potenziale.

Es ist höchste Zeit, dass sich diese Erkenntnis unter Eltern und Pädagogen ausbreitet. Deshalb bin ich sehr froh, dass André Frank Zimpel dieses Buch geschrieben hat. Ich kann nur hoffen, dass es möglichst viele Leser findet.

Göttingen, Februar 2011   Gerald Hüther

Einleitung

Kinderspiele gab es schon zu allen Zeiten: Wurf- und Kieselspiele, Puppenwagen und Tiere mit Rädern sowie Würfel- und Ballspiele sind immer wieder Funde in archäologischen Ausgrabungen. Schon aus der Antike sind bildliche Darstellungen von Blindekuh, Huckepack, Ringelreihen und Verstecken überliefert.

Neben universellen Spielzeugen gibt es jedoch auch Spielzeug, das vom jeweiligen Zeitgeist abhängt. So wie sich die Informationsgesellschaft als Spielzeugcomputer und -telefon im Kinderzimmer wiederfindet, so spiegeln mechanische Tiere zum Aufziehen das 18. Jahrhundert als Zeitalter der Uhrwerke und die Spielzeuglok das 19. Jahrhundert als Zeitalter der Dampfmaschinen wider.

Im Prinzip hat sich am psychologischen Charakter des Spiels in den vergangenen Jahrhunderten nichts Wesentliches geändert. Neu ist jedoch, dass neurobiologische Erkenntnisse die Bedeutung dieser psychologischen Wirkung des Spiels auf die Entwicklung des Gehirns belegen. Von diesen Erkenntnissen und ihrer Bedeutung für die Bildung und Erziehung soll dieses Handbuch handeln.

Die folgenden Thesen gliedern den Text in drei Teile:
1. Spiel befreit das Denken von der Wahrnehmung.
2. Spiele zeigen die nächste Entwicklungsstufe an.
3. Spielen optimiert das Verhältnis von Aufmerksamkeit und Lernen.

Warum ist es gerade jetzt so wichtig, sich dieses Themas anzunehmen? Der Grund sind zwei aktuelle Tendenzen, die uns nachdenklich stimmen sollten: erstens die Entdeckung der Kinder als Konsumenten – nicht nur durch die Spielzeugindustrie – und zweitens die übersteigerten Bildungsansprüche vieler Eltern, die eine kindgemäße Entwicklung verhindern.

Viele Kinderzimmer sind mit zu viel Spielzeug vollgestopft. Den Kindern fällt es immer schwerer, sich in ein Spiel zu vertiefen. Kaum nehmen sie ein Spielzeug in die Hand, schon lenkt sie das nächste wieder ab. Das viele Spielzeug in Kinderzimmern hat einen beständigen Aufforderungscharakter. In vielen Kindergärten führt man deshalb schon spielzeugfreie Tage ein.

Schlimmer noch ist der durch Werbung forcierte Gruppendruck auf den Erwerb von Trendspielzeugen. Wie Markenkleidung werden sie zu Statussymbolen stilisiert. Dieser Druck wird dann von den Kindern an die Eltern weitergegeben. Geben diese nicht nach, kann es passieren, dass sie erleben müssen, wie ihr Kind von anderen Kindern ausgegrenzt wird.

Das ist die eine Seite. Auf der anderen Seite nehmen Bildungsangebote für Kinder zu: Englisch und Chinesisch im Kindergarten, Klavier- und Ballettstunden in der Grundschule. Wer sich diese Angebote nicht leisten kann, läuft Gefahr, ein schlechtes Gewissen zu entwickeln. Eltern vergessen dabei, dass Lernen nur fruchtbar sein kann, wenn es in kindgemäße Spiele einfließt.

Sowohl die Tendenz, die Bedeutung des Spiels über Konsumterror zu überhöhen, als auch die Gegentendenz, das Spiel durch verfrühte Bildung zu verdrängen, wirft eine dringende Frage auf: Worin besteht der eigentliche, unverfälschte Sinn des Spiels und ist Spielen in der Wissens- und Informationsgesellschaft überhaupt noch zeitgemäß?

Die Antwort, die das Buch gibt, ist einfach, aber folgenreich: Der Sinn des Spiels besteht darin, die Fantasie zu entwickeln. Kinderspielsachen sind eigentlich Gedächtnisstützen. Wenn zu viel Spielzeug da ist, ist die Fantasie nicht mehr gefordert. Die Reizüberflutung führt dazu, dass der eigentliche Effekt des Spielens ausbleibt.

Ziel des Buches ist es, zu zeigen, wie Kinder beim Spiel die Fähigkeit entwickeln, sich Dinge gedanklich auszumalen, und wie man sie dabei effektiv unterstützen kann. Kinder erfüllen sich in eingebildeten Situationen ihre Wünsche. Diese Wünsche sind wichtige Vorboten sich entwickelnder geistiger Fähigkeiten, ohne die ein Leben in unserer Gesellschaft nicht denkbar wäre.

Teil I: Spiel befreit das Denken von der Wahrnehmung

Ein Garten für Kinder
Die Entdeckung des Spiels als Bildungswert

Ein Platz zum Spielen

Glückliche Kinder spielen. Bei genauer Betrachtung erweist sich ihr Spiel jedoch als ein ziemlich wunderliches Verhalten. Selbstvergessen bewegen sie sich in einem Kokon aus Hirngespinsten: Mit Kreide gezeichnete Linien gelten ihnen als unüberwindbare Mauern, Äste dienen ihnen als Laserschwerte, Sand kredenzen sie als leckere Speise, Blumenkränze tragen sie wie die diadembesetzte Krone einer verwunschenen Feenprinzessin und Steine steuern sie über den Boden im Sandkasten, als handele es sich um Unterseeboote, die sich ihren Weg durch bizarre Korallenriffe bahnen.

Zwar stehen die Kinder mit einem Bein in einer weltfremden Fantasiewelt, in der sie als Fernsehansager, Indianerhäuptling, Detektiv oder Zauberer agieren können, ihr anderes Standbein bleibt jedoch die nüchterne Einschätzung der gegebenen Bedingungen ihres Handelns. Fragt man sie danach, zeigt sich, dass ihnen vollkommen klar ist, dass der Sandkasten kein Korallenriff und die gespielte Feenprinzessin nicht wirklich verwunschen ist.

Der Ort, an dem Kinder ihre alterstypische Persönlichkeitsspaltung voll ausleben können, sollte der Kindergarten sein. So rar und begehrt Kindergartenplätze in Deutschland meist auch sind, die Sorgen liegen in der Regel ganz woanders: Sprachförderung, Integration, erste naturwissenschaftliche Erfahrungen sowie schlicht und einfach die Vereinbarkeit von Kind und Beruf.

Manche Kinder sind traurig, wenn sie einen Tag im Kindergarten verpassen, andere wollen ihre Eltern verzweifelt festhalten, wenn diese sie im Kindergarten zurücklassen, und wieder anderen sind die Abschiedsszenen von den Eltern in Anwesenheit von Gleichaltrigen peinlich. Es gibt Kinder, die genießen die Geselligkeit. Manche geraten untereinander in Streit oder leiden unter einem subtilen Gruppendruck. Andere himmeln eine faire Erzieherin oder einen lustigen Erzieher an.

Den blumigen Begriff »Kindergarten« schenkte der Welt ein Thüringer, der unter anderem eine Landwirtschaftslehre absolvierte und neben pädagogischen auch botanische Studien betrieb: Friedrich Fröbel (1782–1852).

Porträts von Fröbel zeigen einen hageren Mann mit Charakternase und schulterlangem Haar. Ein klein wenig erinnern mich diese Porträts an den italienischen Violinisten Niccolò Paganini (1782–1840), einen gleichaltrigen Zeitgenossen Fröbels. Optisch hätte Fröbel aber auch einem Gitarristen einer Rock- oder Bluesband aus den 1970er Jahren alle Ehre gemacht.

Nach anfänglichen Startschwierigkeiten in Deutschland stürmten Fröbels Mutter- und Koselieder (zum Beispiel: *Häschen in der Grube*) die Hitlisten für Kinderlieder auch in Frankreich, England, Japan, Russland und Nordamerika. Seine Spieltheorie prägt die Vorliebe für Holzspielzeug bei Eltern mit Anspruch bis heute. Aber auch Gummiball und Legobausteine (nach wie vor die Verkaufsschlager in Kinderabteilungen) lassen sich letztendlich auf seine Spielgaben zurückführen. 1840 stiftete er in einer thüringischen Kleinstadt (Bad Blankenburg), die sich selbst als Lavendelstadt bezeichnet, den ersten deutschen Kindergarten.

Fröbel erkannte wohl als Erster den unvergleichlichen Bildungswert des Spiels: »Was der Unterricht, was das Leben, die Erfahrung zeigt und lehrt, muss das Spiel, die sich spiegelnde Freitätigkeit des Innern, des gesammelten Lebens des Zöglings wieder darstellen.«[1] In seiner Zeit traf er mit dieser Ansicht nur auf wenig Verständnis. Man bezeichnete ihn auch als »Spielapostel« – und das war bestimmt nicht immer anerkennend gemeint.

Es gab jedoch eine Autorität, auf die er sich berufen konnte: Friedrich von Schiller (1759–1805). Im 15. Brief seines Werkes *Über die ästhetische Erziehung des Menschen* war zu lesen: »Der Mensch spielt nur, wo er in voller Bedeutung des Wortes Mensch ist, und er ist nur da ganz Mensch, wo er spielt.«[2]

Erziehen und Gärtnern

Kinder im Alter von drei bis sechs Jahren sollen nach Fröbels Vorstellung im Kindergarten wie Pflanzen gepflegt und gehegt werden: »Von nun an war in meinen Augen Menschen- und Naturleben, Gemüts- und Blumenleben unzertrennlich, und meine Haselblüten sehe ich noch, wie sie gleich Engeln mir den großen Gottestempel der Natur eröffneten.«[3]

Warum Fröbel hier so auf die romantische Tube drückt? Wie sollte ich das wissen? Ich könnte mir jedoch gut vorstellen, dass er damit zu Beginn des 19. Jahrhunderts gut bei Frauen – insbesondere bei Müttern – ankam. Doch das soll uns hier natürlich nicht weiter interessieren.

Einmal in die Welt gesetzt, trieb die Pflanzenmetapher in den Erziehungswissenschaften überall lustige Blüten. Die Fröbelpädagogin Marie Coppius (1871–1949) nannte eines ihrer Werke zum Beispiel: *Pflanzen und Jäten in Kinderherzen*.[4] Es leuchtet scheinbar unmittelbar ein, dass man Sprösslinge und Zöglinge erziehen kann – so wie man auch aus Pflanzensamen Blumen oder Bäume zieht.

Sicherlich: Pflanzen sind auch Lebewesen. Die moderne Forschung zeigt, dass Pflanzen weit mehr als einfache Reflexmaschinen sind, die nur ein genetisches Programm abspulen. Pflanzen kommunizieren miteinander auf chemischen Wegen und sind lernfähig. Nach dem letzten Stand der Forschung gleicht unser Gehirn in seiner Komplexität eher einem tropischen Regenwald als einer elektronischen Rechenmaschine.

Trotzdem: Der Vergleich von Kindern mit Pflanzen sowie der Vergleich von Erziehung mit Gartenarbeit trägt nicht weit. Pflanzen zu züchten oder zu ziehen, ist etwas grundlegend anderes, als Kinder zu erziehen. Wahrscheinlich hat die Gartenmetapher sogar das ihre dazu beigetragen, dass Erziehung allzu leicht mit Zucht und Ordnung assoziiert wird.

In unserer Zeit werden Bildungseinrichtungen längst nicht mehr mit Gärten verglichen. Aber die Pflanzenmetapher hält sich hartnäckig. Weil man Bildungseinrichtungen zunehmend als Wirtschaftsfaktor begreift, heißen sie heute im günstigsten Fall »Treibhäuser der Zukunft«.[5] Weniger engagierte politische Diskussionen erwecken oft den Eindruck, Kindergärten und Schulen seien Plantagen, die als Rohstoff lediglich ausgebildete Arbeitskräfte für die Volkswirtschaft liefern.

Fröbel selbst hatte eine unglückliche Kindheit und litt zeitweilig unter Lernschwierigkeiten. Er trat deshalb für eine sensible und warmherzige Erziehung ein, die den Entwicklungsbedürfnissen der Kinder Rechnung tragen sollte. Dabei entdeckte er die Anziehungskraft und den Bildungswert des Spiels.

Natürlich dachte der Spätromantiker bei seinem Gartenvergleich eher an eine Blumenwiese denn an einen englischen Rasen. Trotzdem passt in die weite Metapher vom Garten sowohl das Heckenschneiden und Unkrautjäten als auch das sensible Gießen und Umtopfen. Deshalb könnten sich im Prinzip sowohl die schwarze Pädagogik des Struwwelpeters als auch die Antipädagogik der 1970er Jahre auf die Gartenmetapher berufen. Zwar lässt sich Pflanzenwachstum durch mechanisches Ziehen nicht beschleunigen, die ethischen Grenzen der Manipulation von Pflanzenwachstum sind jedoch keineswegs eng, wie uns holländische Gewächshäuser und genmanipuliertes Getreide immer wieder vor Augen führen.

Selbst bei sehr flüchtiger Betrachtung fallen die tiefen Gräben ins Auge, die Erziehungsaufgaben von denen des Gartenbaus abgrenzen: In Baumschulen gibt es bekanntlich kein herzzerreißendes Geschrei, wenn etwas einmal nicht so klappt, wie es sollte, keine dummen Streiche, wenn Langeweile aufkommt, und vor allem keine Vorbildrolle der Gärtnerinnen und Gärtner für ihre Pflanzen.

Aber gerade Letzteres macht Erziehung so unglaublich kompliziert und selbstbezüglich: Man kann Kinder nicht nicht erziehen. Jedes Verhalten (ganz gleich, ob liebevolle Förderung, ausgelassenes Herumtoben, kritikloses Verwöhnen, Setzen von Grenzen, Desinteresse, Bestrafung – ja, im negativen Extremfall sogar Vernachlässigung und Misshandlung) kann prinzipiell zum nachgeahmten oder bekämpften Vorbild werden. Alles hängt davon ab, ob und wie sich Kinder mit ihren Erziehungspersonen identifizieren oder diese ablehnen.

Die Selbstbezüglichkeit der Erziehung ist der blinde Fleck: Wir erkennen meist mühelos Fehler, die anderen bei der Erziehung unterlaufen. Natürlich wären wir an deren Stelle immer liebevoller, cooler oder konsequenter gewesen. Das bedeutet jedoch keinesfalls, dass wir selbst gegen diese Fehler gefeit sind. Wie einfach ist dagegen doch Gartenarbeit!

Traumatische Erziehungserfahrungen

Zu meinem engen Bekanntenkreis zählen Menschen, die in ihrer Kindheit selbst Vernachlässigung oder gar Misshandlung erfahren haben und die sich gerade deshalb engagiert dafür einsetzen, dass anderen so etwas nicht widerfährt. Vergessen wir nicht: Auch Fröbel gehört zu der großen Gruppe bedeutender Persönlichkeiten, die sich in ihrer Kindheit ohnmächtig der Gewalt und Willkür Erwachsener ausgesetzt fühlten.

Andererseits sieht die Schweizer Kindheitsforscherin Alice Miller (1923–2010) – wahrscheinlich nicht ganz zu Unrecht – in Diktatoren, Terroristen und Massenmördern schwer gedemütigte Kinder. In ihrem Buch *Am Anfang war Erziehung* stellt sie, ohne Adolf Hitler von seiner Verantwortung als Anstifter zum Massenmord freizusprechen, die aufrüttelnde Frage: »Was geschieht in einem Kind, wenn es immer wieder erfahren muss, dass die gleiche Mutter, die ihm von Liebe spricht, ihm das Essen sorgfältig bereitet, ihm schöne Lieder singt, zur Salzsäule erstarrt und bewegungslos zusieht, wenn dieses Kind vom Vater blutig geschlagen wird?«[6] Wie immer man zur Argumentation Millers steht, sie verdeutlicht – wenn auch in sehr drastischer Form: Was einem einzelnen Kind widerfährt, fällt auf eine gesamte Gesellschaft zurück. Es kann uns also nie gleichgültig sein! Schon Fröbel hat daran keine Zweifel aufkommen lassen.

Der Mediziner Joachim Bauer (*1951) resümiert die Ergebnisse der aktuellen Traumaforschung wie folgt:

> »Insgesamt dürfte klar geworden sein, dass traumatische zwischenmenschliche Beziehungserfahrungen, die Kindern zugefügt werden, nicht nur schwerste seelische Folgen hinterlassen, sondern auch […] neurobiologische Strukturen und die Regulation von Genen (vor allem im Bereich des körpereigenen Endorphinsystems) verändern.«[7]

Endorphine sind vom Körper selbst produzierte schmerzlindernde Substanzen (Opioide). Das Endorphinsystem tritt in Notfallsituationen in Kraft. Schwer verletzte Menschen verspüren deshalb oft zunächst keine Schmerzen.

Eine bio-psychologische Auswirkung kindlicher Erfahrungen mit Misshandlung und sexueller Gewalt ist die Dissoziation. Damit ist eine Form der Selbstbetäubung des Gehirns mit Endorphinen gemeint. Sie schützen das subjektive Erleben vor dem unerträglichen Hier und Jetzt.

Traumatische Erfahrungen wirken zunächst auf Nervenzellnetzwerke der Großhirnrinde ein. Diese leiten sie an die tiefer im Gehirn liegenden Emotions- und Erinnerungszentren weiter. Diese Zentren wiederum aktivieren das körpereigene Betäubungssystem. Einmal entstandene Dissoziationen haben die Tendenz, auch ohne äußere Gefährdung spontan aufzutreten.

In Teilen der Grobstruktur dieser Emotions- und Erinnerungszentren ließen sich bei extrem traumatischen Erlebnissen in Kernspintomographien sogar sichtbare Spuren nachweisen. Diese Emotions- und Erinnerungszentren sind Teil des limbischen Systems (dunkelgrau gefärbte Bereiche auf der folgenden Abbildung). Neurologische Auswirkungen von traumatischen Erfahrungen fand man vor allem im Hippocampus (deutsch: Seepferdchen). Das ist der Hauptteil des Gewebes mit auffälligen Wülsten an der unteren Grenze dieses Systems.

Es handelt sich um eine der evolutionär ältesten Strukturen des Gehirns. Menschen, denen man dieses Hirngewebe auf beiden Seiten wegen eines Epilepsie-Herdes entfernte, vergaßen danach alle neuen Erlebnisse schon nach wenigen Minuten.

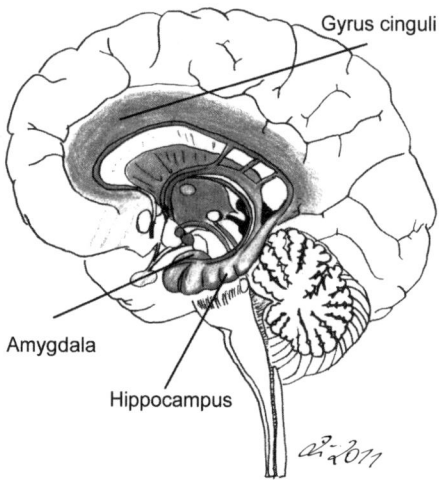

Alles spricht dafür, dass bei Kindern auch schon die Beobachtung von Gewalt an anderen Personen zu schweren Persönlichkeitsstörungen führen kann.[8]

Der Psychiater und Psychologe Manfred Spitzer (*1958) geht sogar noch einen Schritt weiter. Er problematisiert den an die Stelle des Spielens tretenden zunehmend unkontrollierten Fernsehkonsum schon bei Kleinkindern:

> »Das Betrachten von Gewalt ist für uns übendes Lernen wie das Betrachten von Schmetterlingen oder Blättern: Wer tausende gesehen hat, der nimmt differenzierter wahr, kennt sich aus, weiß, worauf es ankommt. Auf Gewalt im Fernsehen übertragen heißt dies kurz und prägnant: Wer Horror- und Gewaltfilme sieht, der *lernt* Horror und Gewalt.«[9]

Wissenschaft in Windeln

Ein für manche überraschendes Ergebnis der Kleinkindforschung in den letzten dreißig Jahren berichtet die Psychologin Alison Gopnik (*1955) von der University of California in Berkeley:

> »Selbst die jüngsten Kinder begreifen die Welt besser, als Experten ihnen früher zutrauten. Noch erstaunlicher: Offenbar ergründet und erfasst ein so junger Mensch die Dinge gar nicht viel anders als ein erwachsener Wissenschaftler. Ein Kind experimentiert, arbeitet mit Statistiken und stellt intuitive physikalische, biologische und psychologische Theorien auf.«[10]

Schauspieler spielten in zwei wissenschaftlichen Studien insgesamt neunzig Dreijährigen verschiedene Handlungen vor: Einige zerfledderten mit gespielter Böswilligkeit oder Ungeschicklichkeit eine fremde Zeichnung, andere klebten die Zeichnung liebevoll wieder zusammen, wieder andere taten so, als würden sie das Blatt am liebsten zerreißen, ohne dass es ihnen gelang.

Danach begann das eigentliche wissenschaftliche Experiment der Psychologin Amrisha Vaish: Die Schauspieler begannen ein Spiel, zu dem ihnen ein wichtiges Teil fehlte. Dieses entscheidende Teil war aber im Besitz jeweils eines der Kinder. Wie hilfsbereit zeigten sich nun die Dreijährigen? Reichten sie den Erwachsenen das fehlende Teil oder behielten sie es einfach? Den Schauspielern, die eine destruktive Intention dargestellt hatten, halfen nur 22 Prozent der Kinder, den Darstellern von Hilfsbereitschaft jedoch 61 Prozent.[11]

Der Neurobiologe Gerald Hüther (*1951) bringt das Problem des Selbstbezugs der Erziehung wie folgt auf den Punkt:

> »Unser Gehirn ist ein Sozialorgan – und es wird Zeit, dass wir es auch so behandeln. Das menschliche Gehirn strukturiert sich anhand der im Lauf des Lebens gemachten Erfahrungen. Primär sind immer die Erfahrungen, die wir in der Beziehung zu anderen Menschen machen. Und die entscheidenden Beziehungserfahrungen macht jeder Mensch bereits als kleines Kind in seiner Herkunftsfamilie.«[12]

Halten wir also fest: Wenn schon für Pflanzen eingeräumt werden muss, dass sie kein genetisches Programm abspulen, dann gilt für Kinder erst recht, dass sie in ihrer Entwicklung keinem fest vorgegebenen genetischen Programm folgen. Ihr Denken, Fühlen und Handeln hängt nicht nur stark von der Qualität der Erziehungsziele ab, sondern vor allem vom sozialen Klima, in dem sie aufwachsen. Der internationale Erfolg von Fröbels Idee des Kindergartens beruht nicht zuletzt auf seiner zwar romantisch etwas überhöhten, aber dennoch angemessenen Würdigung dieses wichtigen Zusammenhangs.

▸ **Zusammenfassung**

Kindern genügt es nicht, satt, sauber und sicher zu sein. Sie beobachten beim Spielen auch aufmerksam die Personen in ihrem Umfeld und lernen darüber allmählich, sich selbst zu beobachten. Daraus resultieren der große Bildungswert des Spiels und die hohe Verantwortung der Erziehenden für das kindliche Spiel.

› **Reflexion**

Versuchen Sie, sich an Spielzeuge oder Lieder aus Ihrer frühesten Kindheit zu erinnern. Welche Emotionen und Personen fallen Ihnen dazu spontan ein?

› **Beobachtung**

Welche Spiele lösen Bälle oder Bauklötze bei kleinen Kindern aus, wenn sie plötzlich in ihrem Umfeld auftauchen? Unter welchen Umständen akzeptieren die Kinder, dass Sie an ihrem Spiel teilnehmen?

Will man sich informieren, wie Erziehung das Denken, Fühlen und Handeln Heranwachsender beeinflusst, stößt man auf einander widersprechende Erklärungen. Für eine kindgerechte Gestaltung der Frühförderung (aber auch von Spielmaterial, Spielzeug und Kindergärten) wäre es jedoch wichtig zu wissen, welche Erfahrungen und Meinungen diesen unterschiedlichen Auffassungen zugrunde liegen.

Fangen wir unsere Untersuchung mit einer extremen, aber sehr populären Auffassung über das Verhältnis von Erziehung und Entwicklung an: Erziehung ist alles. Jedes Kind kommt als unbeschriebenes Blatt zur Welt. Dieses Bild vom Neugeborenen als einer Tabula rasa zeichnete einst der englische Aufklärer John Locke (1632–1704):

> »Nehmen wir also an, der Geist sei, wie man sagt, ein unbeschriebenes Blatt, ohne alle Schriftzeichen, frei von allen Ideen; wie werden ihm diese dann zugeführt? Wie gelangt er zu dem gewaltigen Vorrat an Ideen, womit ihn die geschäftige schrankenlose Fantasie des Menschen in nahezu unendlicher Mannigfaltigkeit beschrieben hat? Woher hat er all das *Material* für seine Vernunft und für seine Erkenntnis? Ich antworte darauf mit einem einzigen Worte: aus der *Erfahrung*.«[13]

Wissenschaftler, die dieser Auffassung sehr nahe kamen, sind die US-amerikanischen Psychologen John Broadus Watson (1878–1958) und Burrhus Frederic Skinner (1904–1990), die Begründer des Behaviorismus (Verhaltensanalyse). Abgesehen von ihrem pädagogischen Optimismus verbindet sie mit Fröbel allerdings äußerst wenig.

Erziehung ohne Grenzen
Die Macht der Rückmeldung

Klassische Konditionierung

In hellen, lichtdurchfluteten Räumen mit viel Platz gehen die Kinder emsig ihren Einzelbeschäftigungen nach. Über der im Bauhausstil gestalteten Frühfördereinrichtung schwebt eine freundliche, meditative Ruhe. Es fällt kein einziges Wort des Tadels. Als ein Kind anfängt zu quengeln, wird es vom Personal einfach ignoriert. Umso freundlicher lobt und belohnt man dafür auch die Kinder, die ihre Aufgaben noch nicht fehlerfrei lösen können. Allein schon für ihr Bemühen.

Fraglos ist dieses moderne Lernklima immer einer schwarzen Straf- und Paukpädagogik, aber auch einer gedankenlosen Laissez-faire-Pädagogik vorzuziehen. Sein Gefährdungspotenzial ist aber alles andere als gering. Wieso? Um das zu klären, sollten wir uns einen kleinen Ausflug in die Geschichte der Lernforschung gönnen: Mit einem futuristischen Paukenschlag pustete das Programm des Behaviorismus alle romantische Innerlichkeit und Seelenschau in den Geisteswissenschaften vom Tisch (die Pflanzenmetaphorik Fröbels inklusive). 1913 kündigte John B. Watson die baldige Entzauberung der Seele an. Erreichen wollte er das mit präziser Messung auf mathematisch-naturwissenschaftlicher Basis. Sein Ziel konnte ehrgeiziger nicht sein:

»Gebt mir ein Dutzend gesunder und wohlgeratener Kinder und dazu eine von mir für ihre Erziehung vorbereitete Umwelt, und ich garantiere, dass ich jedes einzelne, das ich zuvor nach dem Zufallsprinzip auswählte, zu einem Spezialisten nach meiner Wahl erziehe, zum Arzt, Richter, Künstler, Kaufmann – ja, und sogar zum Bettler und Dieb, ohne Rücksicht auf seine Talente, Vorlieben, Neigungen, Fähigkeiten, Begabungen und Rasse seiner Vorfahren.«[14]

Was könnte diesen pädagogischen Optimismus noch toppen? Aber: Sind denn alle Menschen bei ihrer Geburt ein unbeschriebenes Blatt? Unterscheiden wir uns allein durch Erziehung? Hängen wir wie Marionetten an den Fäden unserer Erzieherinnen und Erzieher? Sind Menschen manipulierbar wie eine Gesellschaft programmierbarer Roboter?

Watson war sich der Kühnheit seiner Behauptung angesichts seiner mageren experimentellen Befunde sicherlich schmerzlich bewusst. Trotzdem meinte er es bitter ernst. 1920 führte er einen kleinen Versuch durch, der als Little-Albert-Experiment in die Geschichte eingehen sollte: Er konfrontierte den neun Monate alten Albert erstmalig mit einer weißen Ratte. Wie schon bei anderen Tieren und Gegenständen auch, versuchte der kleine Junge furchtlos, nach der Ratte zu greifen. Weniger neutral reagierte er jedoch auf einen anderen Reiz: den lauten Hammerschlag auf eine Eisenstange. Immer wenn dieser hässliche Ton hinter seinem Rücken erschallte, zuckte der ansonsten so beherzte kleine Junge ängstlich zusammen.

Zwei Monate später kombinierte Watson nun wiederholt die Präsentation einer weißen Ratte mit dem beängstigend lauten Hammerschlag. Bald erschrak sich der kleine Junge schon allein beim Anblick einer weißen Ratte so sehr, als wäre der Hammerschlag schon erfolgt.[15]

Wie toll ist das denn, werden Sie zu Recht fragen, sollte man Kinder nicht lieber ermutigen, statt sie unnötig zu ängstigen? Da bin ich vollkommen auf Ihrer Seite – und Sie können sich sicher sein, dass heutzutage keine Ethikkommission dieses Experiment gebilligt hätte. Dass aber gerade dieses Experiment ein erster zaghafter Schritt in die Richtung der Entwicklung einer Verhaltenstherapie war – noch dazu einer sehr erfolgreichen und wissenschaftlich anerkannten Therapie gegen Ängste (Phobien) – bleibt eine Ironie der Geschichte. Doch der Reihe nach!

Das Prinzip, das dem Little-Albert-Experiment zugrunde lag, hat sich Watson aus der Tierpsychologie des russischen Mediziners und Physiologen Iwan Pawlow (1849–1936) abgeschaut.[16] Pawlow erhielt 1904 den Nobelpreis für Medizin aufgrund seiner Forschung über Verdauungsdrüsen. Weltberühmt wurde jedoch seine Grundlegung der Verhaltensforschung.

Auf Pawlow geht die sogenannte klassische Konditionierung zurück. Sie besagt, dass man einen existierenden Reflex so konditionieren kann, dass er zukünftig auch von einem neuen Reiz ausgelöst werden kann. So lernten Hunde in seinem Labor zum Beispiel, einen Klingelton als Signal für Fressen zu erkennen. Ihr Speichelfluss setzte schon beim Ertönen der Klingel ein. Analog dazu ängstigte sich der kleine Albert nun schon allein beim Anblick einer weißen Ratte vor dem hässlichen Hammerschlag.

Watson erklärte kurzerhand den ganzen lebendigen Organismus, samt Seele und Bewusstsein, zur Black Box. Damit führte er eine neue Art des

Fragens in die wissenschaftliche Erforschung von Lernen und Erziehung ein: Welcher Input führt zu welchem Output? Genauer: Welche Reize (Stimuli) lösen welche Reaktionen (Response) aus? Von diesem sezierenden Blick, der das Verhalten in kleine Reiz-Reaktions-Ketten zerschneidet, erhoffte man sich unmittelbare Schlüsse auf die Wirkungsweise von Umwelt und Erziehung auf das Lernen.

Operante Konditionierung

Als Watson 1920 in die Werbepsychologie überwechselte, waren Heimcomputer noch Science-Fiction. Aber die Idee einer Programmierung des menschlichen Verhaltens warf schon lange Schatten voraus und die Pflanzenmetaphorik begann allmählich an Boden zu verlieren. In den 1950er Jahren, in denen die Serienproduktion von Computern in den USA gerade einsetzte, war die Zeit dann reif. Computer bezeichnete man liebevoll als Elektronengehirne und in Erziehung sah man nur noch einen Spezialfall der Programmierung.[17]

Doch bevor die Computermetapher so richtig greifen konnte, musste man die Theorie der klassischen Konditionierung weiterentwickeln. Das übernahm ein Wissenschaftler, der später in seiner Autobiografie beschrieb, wie er als Kind mit selbstgebastelten Kreiseln, Modellflugzeugen, Drachen und Blechpropellern spielte. Als Professor an der Universität Minnesota bastelte er dann einen Kasten mit einem Apparat, der immer dann Nahrung freigab, wenn die darin eingesperrte Ratte einen Hebel drückte. Anders als Pawlow und Watson konzentrierte er sich auf Erfolgsrückmeldungen, die Verhaltensveränderungen bewirken.

Die Rede ist von Burrhus F. Skinner. Auf Fotos erkennt man ihn an seiner charakteristisch vorgewölbten Stirn mit schütterem Haar, schmalen Lippen und futuristischer Brille. Er hätte eine überzeugende Besetzung für die Rolle eines skurrilen Wissenschaftlers in einer Hollywoodkomödie abgeben können, wie sie für die 1960er Jahre typisch waren (zum Beispiel als Gegenspieler zu Doris Day und Cary Grant). Selbst seinen Namen hätte man dafür nicht ändern müssen, denn Skinner bedeutet im Englischen sowohl »Drahtende« als auch »Hautabzieher«. Dieses oberflächliche Bild passt gut zu Skinners gesellschaftlicher Utopie des Social Engineering.

Doch wie alle Klischees kratzt dieser erste Eindruck nur an der Oberfläche. Skinner war eigentlich ein Pazifist, der sich für eine zwar paternalistische, aber humanitäre Sozialpolitik einsetzte und den seine beiden Töchter als einfühlsamen Vater erinnern.[18]

Das Grundprinzip seiner Methode, die als operantes Konditionieren bezeichnet wird, ist die Verstärkung von spontanem Verhalten durch Erfolgsrückmeldung. Rückkoppelung (Feedback) ist auch das zentrale Thema der Kybernetik. Das ist die Wissenschaft von der Steuerung und Selbststeuerung, der wir die Weiterentwicklung der heute allgegenwärtigen Computersysteme verdanken.

Skinners Tierexperimente zeigten unter anderem: Zeitnahe, konsequente, positive oder negative Erfolgsrückmeldungen von erwünschtem oder unerwünschtem Verhalten können zur raschen Annäherung eines Verhaltens an ein Lernziel führen. Zur Stabilisierung eines schon erworbenen Verhaltens reichen dagegen gelegentliche Verstärkungen aus. Wird aber unerwünschtes Verhalten nur gelegentlich ignoriert, kann dies sogar zu einer Verstärkung des Verhaltens führen.

Komplexere Verhaltensweisen können durch schrittweise Annäherung (Verstärkung von Teilzielen) erreicht werden. Das ist das Geheimnis jeder erfolgreichen Tierdressur.

Donald O. Hebb (1904–1985) lieferte dazu im Jahre 1949 ein Theorem, das Licht in die Black Box warf: »Wenn Neuron A Neuron B auslöst [...], so muss irgendeine Veränderung in A oder B oder in beiden stattgefunden haben, welche die Fähigkeit von A erhöht, B in Zukunft neuerlich auszulösen.«[19] Kurz: Zellen, die gemeinsam feuern, verbinden sich (*Cells that fire together, wire together*). Sich wiederholende Erfahrungen bahnen im Gehirn Wege wie die Fußstapfen im Schnee oder Trampelpfade über eine Wiese.

Dass es diese Bahnung als Verstärkungseffekt zwischen Nervenzellen tatsächlich gibt, konnte 1981 der Neurowissenschaftler Eric Richard Kandel (*1929) bei einer Meeresschnecke (Aplysia californica) mit besonders dicken Nervensträngen nachweisen. Er erhielt im Jahr 2000 den Nobelpreis für Medizin.

Hebb war darüber hinaus von sogenannten Lustzentren im Gehirn schwer beeindruckt, die sein Assistent James Olds[20] (1922–1976) lokalisierte (natürlich bei Versuchen mit Ratten in der Skinnerbox): »Eine dieser Regionen ist bei der Ratte das ›Septum‹, welches unmittelbar oberhalb des Hypothalamus liegt.«[21] Gemeint sind die Septumkerne, oft verwechselt mit dem Septum pellucidum (siehe nachfolgende Abbildung). Die Septal-kerne liegen beim Menschen direkt unterhalb des Septum pellucidum in der Nachbarschaft des Nucleus accumbens septi,[22] deutsch: der sich an die Scheidewand (Septum) anlehnende Kern. Es handelt sich um eines der im vorigen Kapitel besprochenen Emotionszentren, die zum limbischen System gehören und von dem noch öfter zu berichten sein wird.

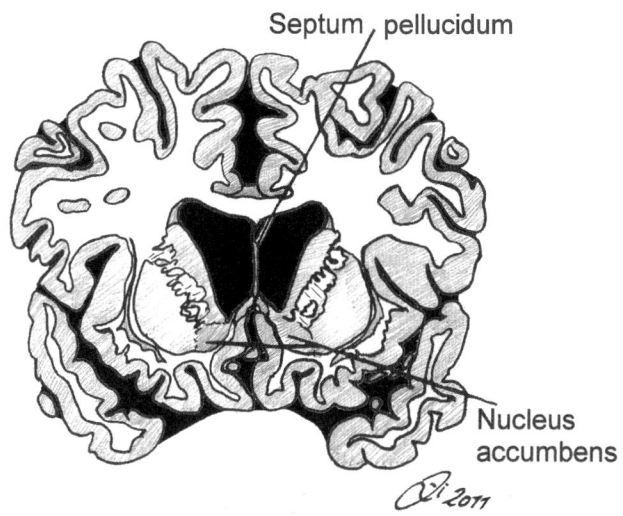

Mit an biegsamen Drähten angeschlossenen Elektroden begann man 1953, dieses Zentrum bei Ratten zu stimulieren, während sich diese in ihrer Box frei bewegen konnten. Hebb berichtet erstaunt: »In einem ›Skinner-Problemkäfig‹, bei dem die Taste eine kurze Stimulation bewirkt, wird die Ratte die Taste in rascher Aufeinanderfolge drücken (bis 2000, ja sogar 3000 Mal in der Stunde).«[23]

Solche Experimente verstärkten die Popularität und den Einfluss von Skinners Lerntheorie beträchtlich. Schon in den 1950er Jahren hatte er begonnen, seine am Tiermodell gewonnenen Erkenntnisse auf die Entwicklung von Lernmaschinen für Menschen zu übertragen.

Grenzen der Verstärkung

Am 5. Oktober 1957 umkreiste Sputnik 1 als erster künstlicher Satellit die Erde. Das Selbstverständnis der USA, der technologisch fortschrittlichsten Nation, wurde durch den technischen Erfolg der ansonsten so schwerfälligen sowjetischen Planwirtschaft erschüttert.

Dieser Sputnikschock drängte den 34. Präsidenten der Vereinigten Staaten von Amerika, Dwight D. Eisenhower (1890–1969), zum Handeln. Innerhalb von vier Jahren investierte er öffentliche Gelder im Wert von mehr als anderthalb Milliarden Dollar in die Modernisierung des Bildungssystems (Federal-Aid-To-Education-Program). Mit der Utopie einer durch programmiertes Lernen am Reißbrett planbaren Gesellschaft war der Harvardprofessor Skinner zum richtigen Zeitpunkt am richtigen Ort. Bis 1974 sollte er sich den Ruf des renommiertesten zeitgenössischen Psychologen erarbeiten.

Die Entwicklung und Herstellung programmierbarer elektronischer Röhren- und später Transistorenrechner schritt in den 1950er Jahren stürmisch voran. Skinner zerlegte für seine Lernmaschinen den jeweiligen Lernstoff in kleine Untereinheiten. Jede korrekte Wiedergabe wurde damit belohnt, dass man nun zum nächsten Lernschritt übergehen konnte. Er selbst begründete seine Methode so: »Indem man jeden einzelnen Schritt so klein wie möglich hält, kann die Häufigkeit der Verstärkung ein Maximum erreichen, während die möglichen negativen Folgen des Fehlermachens auf ein Minimum reduziert werden.«[24]

Die meisten Lernprogramme zum Selbststudium am PC basieren noch heute auf diesem Prinzip. In modernen Bildungseinrichtungen führen solche Lernprogramme jedoch nur noch ein Schattendasein. Sie sind gerade wegen ihrer Kleinschrittigkeit einfach zu umständlich.

Stellen Sie sich vor, Sie wollten in Skinner-Manier einem Vorschulkind beibringen, sich an seinen Schuhen selbst die Schleife zu binden. Diese Handlung lässt sich zigfach in Teilschritte zerlegen: Nimm das rechte Ende des Schnürsenkels in die linke Hand – und das andere in die rechte. – Führe nun das rechte Ende um das linke Ende herum – und fädele es durch die Schlaufe hindurch – … usw. usf.

Beim Üben würde das Kind schnell den Überblick über die vielen Teilschritte verlieren. Wahrscheinlich würden Sie selbst bald nicht mehr wissen, wie das Schleifebinden funktioniert. Dabei gibt es unzählige individuelle Wege, eine Schleife zu binden. Wie viel einfacher ist dagegen ein gemeinsames spielerisches Üben am Modell, bei dem die Aufmerksamkeit die ganze Zeit beim eigentlichen Sinn der Handlung bleibt.

Skinners Methode regte eine Verbesserung des Lernklimas und des Umgangstons in Erziehungseinrichtungen an. Man interpretiert Verhaltensauffälligkeiten als Versuch, Aufmerksamkeit zu erregen, und bemüht sich, unerwünschtes Verhalten zu ignorieren und jede Annäherung an erwünschtes Verhalten zu loben und zu belohnen. Aber wer entscheidet, welches Verhalten erwünscht ist? Öffnet diese Dressurmethode nicht totalitären Gelüsten zur Gehirnwäsche Tür und Tor?

Aber selbst wenn wir demokratisch und ethisch legitimierte Erziehungsziele voraussetzen, bleiben viele Fragen offen: Was ist, wenn sich der Erfolg trotz konsequenter Anwendung der Methode einfach nicht einstellen will? Sind dann die Eltern schuld? Was ist, wenn aber auch die Eltern nachweislich die gleiche Konsequenz in der Verwendung der Methode an den Tag legen? Darf man bei Misserfolgen die Kinder als verhaltensgestört, schwer erziehbar oder als was auch immer abstempeln?

Aktuelle Studien zeigen sogar, dass gewisse positive Verstärkungen auch unerwünschte negative Effekte hervorbringen können: Der Anthropologe Michael Tomasello (*1950) belegte in seinen Studien, dass Kleinkinder schon mit etwa 12 bis 14 Monaten die Handlung des Helfens zu verstehen beginnen:[25] Sie können kaum laufen, stolpern über die eigenen Füße, aber sie helfen ihren Eltern, wenn beim Einsammeln Obst im Garten neben den Korb fällt und die Erwachsenen nicht gleich heranreichen oder sie versuchen, heruntergefallene Wäsche zum Aufhängen zu reichen.

In einem Experiment zeigten 16 Mädchen und 20 Jungen verschiedener sozioökonomischer Herkunft im Alter von zirka 19 bis 21 Monaten diese Hilfsbereitschaft sogar dann, wenn ihnen als Alternative ein attraktives Spiel zur Auswahl stand. Ziel des Experiments war die Beantwortung der Frage: Was passiert, wenn man den Kindern für jedes Helfen zur Belohnung ein Spielzeug schenkt?

Ergebnis: Die materielle Belohnung unterwanderte die Motivation zum Helfen. Die Kinder ließen in ihrer Hilfsbereitschaft deutlich nach.[26]

Von außen erzeugte (extrinsische) Motivation kann leicht zur Zerstörung einer von innen kommenden (intrinsischen) Motivation führen. Beispiel: Ein Kind, das ab und zu ganz gern sein Zimmer aufräumt und dafür mit Schokolade belohnt wird, wird bald das Aufräumen als lästige Hürde erleben, um an die begehrte Schokolade heranzukommen.

Computerspiele

In Skinners Texten zum programmierten Lernen werden wir vergeblich Beiträge zu einer Spieltheorie suchen. Aber auch das ist eine Ironie der Geschichte: Kinder und Jugendliche verbringen heute Stunden damit, um an Spielkonsolen in Skinner-Manier von einem Level zum nächsten voranzuschreiten. Wie bei einer Pandemie ist der Virus des programmierten Lernens in mutierter Form auf die Spielindustrie übergesprungen.

Nicht einmal in seinen kühnsten utopischen Träumen hätte sich Skinner ausmalen können, welche Popularität Lernmaschinen einst entwickeln würden, wenn sie sich mit Fröbels Idee der Weckung von Eigenaktivität durch Spiel verbinden. Die Verselbstständigung des operanten Konditionierens in Ego-Shootern und anderen gewaltverherrlichenden Programmen hätten sowohl den pazifistisch eingestellten Skinner als auch den schwärmerischen Fröbel erschreckt. Zu Spitzenzeiten ist bei Internet-Versionen mit fast einer halben Million eingeloggten Enthusiasten zu rechnen.

Fachleute diskutieren die Auswirkungen gewaltverherrlichender Spiele auf die Persönlichkeitsentwicklung sehr kontrovers: Es gibt empirische Studien, die sogar einen negativen Zusammenhang zwischen Gewaltbereitschaft und dem Gewaltgehalt in konsumierten Computerspielen nahelegen.[27] Andere Studien dagegen sprechen für alarmierende Langzeitwirkungen, die sogar die Auswirkungen des Fernsehens auf die Gewaltbereitschaft noch übertreffen.[28]

Diese Kontroverse sollte kein Anlass sein, sich beruhigt zurückzulehnen. Kaum bestritten wird, dass die zynische Gewaltästhetik auf schon gewaltbereite Personen eine gefährliche Anziehungskraft als Ideenlieferant ausüben kann.

Zugegeben, es gibt auch harmlose und sogar sehr lehrreiche Computerspiele. Aber auch hier ist weniger mehr, wenn man bei einer Generation bildschirmfixierter Kinder Bewegungsmangel, eingeschränkten Erlebnisradius und soziale Isolation nicht noch zusätzlich verschärfen will. Mausklick und Tastendruck sind nun einmal ein schlechter Ersatz für beherztes Zugreifen und neugieriges Erkunden in Parks und Gärten jenseits der Bildschirme.

Aber die Spielindustrie schläft nicht. Über Bewegungssensoren können Spiele bereits auf großräumige Bewegungen der Spieler reagieren und damit Anreiz für sportlicheren Einsatz sein. Umso dringlicher benötigen wir ein tieferes Verständnis für die Zusammenhänge zwischen Spiel und geistiger Entwicklung bei Kindern.

Ist der Erfolg der Computerspiele nun ein später Triumph der Spieltheorie Fröbels oder feiert hier die Skinnerbox ihre Auferstehung? Weder noch, würde ich sagen: Den Punkt, den ich Skinner für die systematische Erforschung der Erfolgsrückmeldung gebe, ziehe ich ihm auch gleich wieder für seine naive Vorstellung ab, diese Rückkoppelung durch Kleinschrittigkeit unter Kontrolle bringen zu können. Fröbel punktet bei mir, weil er die unglaubliche Motivationskraft des Spiels erkannte. Punktabzug gibt es jedoch für die einseitige Romantisierung des Spiels.

Fröbels Idee des Kindergartens triumphierte besonders in den englischsprachigen Ländern. Bis zum Ende des 19. Jahrhunderts spielte der Kindergarten als Schmelztiegel zur Integration unterschiedlicher Sprachen und

Mentalitäten besonders in den USA eine wichtige Rolle. Bis 1910 setzte sich der Kindergarten aber auch in Deutschland, in der Schweiz und in den Beneluxländern gegen andere Formen von Kinderbewahranstalten durch. Allerdings verwässerte dieser Erfolg auch die Spieltheorie Fröbels.

› **Zusammenfassung**

Die Orientierung an schnellen Erfolgsrückmeldungen ist ein Wesensmerkmal des Spiels. Deshalb ist spielerisches Lernen zumeist besonders effektiv. In schnellen Erfolgsrückmeldungen liegt aber auch – wie Computerspiele zeigen – ein gefährliches Suchtpotenzial.

› **Reflexion**

Stellen Sie sich vor, Sie leisten einen Freundschaftsdienst (zum Beispiel beim Umzug oder Renovieren). Wie verändert sich die Situation, wenn Ihre Freunde Ihnen dafür eine Bezahlung anbieten?

› **Beobachtung**

Welchen unterschiedlichen Formen der Erfolgsrückmeldung schenken Kinder im Spiel ihre Aufmerksamkeit? Wann fordern Kinder Erfolgsrückmeldungen ein? Wann ignorieren sie diese?

Fröbels Idee der Anregung des Kindes zur Eigentätigkeit war der Vorschulerziehung zu Beginn des 20. Jahrhunderts allmählich abhandengekommen. Die Tendenz ging in zwei Richtungen: zu einseitig verschulten Kindergärten auf der einen Seite und zu einseitig verspielten Kindergärten auf der anderen Seite. Ab 1918 sollte die Idee der Eigentätigkeit durch die italienische Ärztin und Reformpädagogin Maria Montessori (1870–1952) erneute Unterstützung erfahren – allerdings leider auf Kosten der Spieltheorie Fröbels.[29]

Anders als Fröbel sah Montessori das Spiel nicht romantisch, sondern kritisch. Ihre Formel jedoch, dass sich jedes psychische Verhalten aus einem inneren und einem äußeren Faktor zusammensetzt,[30] ist ein fast perfekter Brückenschlag zwischen Fröbel und Skinner, zwischen Pflanzen- und Computermetaphorik, zwischen andachtsvoller Akzeptanz der Einmaligkeit der kindlichen Persönlichkeit und experimentell begründetem pädagogischen Optimismus.

Auch Fröbels Pflanzenmetaphorik griff Montessori auf, um sie gleich noch zu übertreffen:

> »Ich begann meine Arbeit wie ein Bauer, der brauchbares Saatgut besitzt und dem man einen fruchtbaren Acker zur Verfügung gestellt hat, auf dem man nach Belieben säen kann. Aber so war es nicht: sobald ich an die Schollen jenes Ackers rührte, fand ich Gold statt Korn: diese Schollen verbargen einen kostbaren Schatz. Es zeigt sich, dass ich gar nicht der Bauer war, der ich zu sein vermeint hatte: ich war Aladin und hielt, ohne es zu wissen, die Wunderlampe in den Händen, die mir Zugang zu verborgenen Schätzen erschloss.«[31]

Ahnen Sie, worum es sich bei diesem Gold handeln könnte? Richtig! Um die Freude am Handeln und Lernen als Selbstzweck, kurz: um die intrinsische Motivation.

Wenn Spiel ernst ist
Geistige Nahrung für das Gehirn

Selbstständigkeit

Die Lebhaftigkeit eines fünfjährigen Jungen wurde in einem Fröbel-Kindergarten in Rom als störend empfunden. Deshalb musste er in ein Kinderhaus (Casa dei bambini) wechseln, das nach der Montessori-Methode arbeitete. Im Jahre 1916 berichtete Maria Montessori, wie der Junge alle Angebote verächtlich als Spiel abwertete. Er schlenderte im Gebäude umher und belästigte die anderen Kinder. Er wollte etwas tun, war aber mit keiner Beschäftigung zufrieden, bis er sich endlich für das Zeichnen interessierte. Damit war das Eis gebrochen. Von nun an begann er, sich konzentriert und ernsthaft mit den Materialien zu befassen.[32]

Heute zählt man allein in Deutschland mehr als 500 Montessori-Kindergärten. Auch sie bieten den Kindern eine Auswahl von Materialien (Perlenschnüre, spezielle Kärtchen usw.) zu verschiedenen Themenbereichen an. Die Beschäftigungen sollen den natürlichen Drang der Kinder nach Selbstständigkeit befriedigen und ihnen helfen, sich von der Abhängigkeit der Erwachsenen zu lösen. Niemand schreibt den Kindern vor, wann und wie lange sie sich mit einem bestimmten Material beschäftigen sollen.

Dieses Lernen beim Tun mit dem Ziel der Selbstständigkeit hebt das Montessori-Konzept deutlich von Skinners programmiertem Lernen ab, das eher Anpassung und fast abergläubische Abhängigkeit fördert. Wie viele andere auch neige ich dazu, diese Zwanglosigkeit in Montessori-Kindergärten als eine Form des freien Spiels zu empfinden. Montessori sah das jedoch ganz anders.

Auf zeitgenössischen Fotos strahlt Montessori mit ihren großen Hüten und wallenden Kleidern den Glanz einer Operndiva aus. Doch eigentlich war sie eine Frau der Tat und alles andere als divenhaft. In der Schule war Mathematik ihr Lieblingsfach. 1892 studierte sie als erste Frau Italiens Medizin und 1896 promovierte sie in Psychiatrie. Wenn sie etwas überraschte, ging sie der Angelegenheit mit naturwissenschaftlicher Präzision auf den Grund.

Trotz ihrer römisch-katholischen Prägung und ihres nahezu mystischen Sendungsbewusstseins vertraute sie vor allem der praktischen Beobachtung und dem wissenschaftlichen Experiment.

»Obwohl [...] den Kindern wahrhaftig prächtige Spielsachen zur Verfügung standen, kümmerte sich keines der Kinder darum.«[33] Diese Beobachtung überraschte Montessori. Also zeigte sie den Kindern, was man Schönes mit dem kleinen Küchengeschirr, dem Herd in der Puppenküche usw. anstellen konnte. Die Kinder aber interessierten sich nur höflich für ihre Bemühungen. Der Funke wollte nicht überspringen. Kaum hatte Montessori ihre Demonstration beendet, wendeten sich die Kinder von den Spielsachen wieder ab.

Montessori schlussfolgerte daraus, dass Spiele im Leben der Kinder etwas Untergeordnetes sein müssen. Nur wenn ihnen nichts Besseres zur Verfügung steht und ihnen nichts Wichtigeres einfällt, sind Spiele für sie eine Art Zuflucht. Vielleicht stimmte sie innerlich sogar der damals sehr populären Auffassung des Sozialdarwinisten Herbert Spencer (1820–1903) zu, der im Spiel den Ausdruck eines biologischen Energieüberschusses vermutete, der einfach nur abreagiert werden muss.[34]

Wie auch immer, jedenfalls wird deutlich, dass Montessoris Geringschätzung des Spiels auch etwas mit ihrem Spielbegriff zu tun haben muss. Spiele sind für sie etwas Unernstes: ein Spaß aus Verlegenheit, ein triviales Vergnügen, um die Zeit totzuschlagen – oder einfach nur ein Scherz zur Aufheiterung. Doch dieser Spielbegriff würde all die Spiele ausschließen, denen sich Kinder mit voller Konzentration, tiefem Ernst und großer Begeisterung zuwenden.

Spielen, Lernen und Arbeiten

Das, was man als konzentriertes, ausdauerndes und selbstgewähltes Spiel bei Kindern beobachten kann, nannte Montessori »freie intellektuelle Arbeit«.[35] Offensichtlich wollte sie mit dem Begriff der Arbeit die Ernsthaftigkeit dieser Tätigkeit betonen: »Arbeitet ein Kind, so tut es das nicht, um ein äußeres Ziel zu erreichen. Sein Ziel ist das Arbeiten, [...]«. Und an späterer Stelle: »Das Kind ermüdet nicht bei der Arbeit; es wächst an der Arbeit, und die Arbeit erhöht seine Energie.«[36]

Aber der Selbstzweck und die Freude am Energiegewinn einer Handlung sind ja gerade die wichtigsten Anzeichen dafür, dass es sich psychologisch um ein Spiel und eben nicht um Arbeit oder Lernen handelt. Wenn ich etwas lernen will, was ich noch nicht kann, wie zum Beispiel den Text eines Gedichts, eine Melodie auf einem Musikinstrument oder Einradfahren, kann von Selbstzweck nicht mehr die Rede sein. Denn der Zweck des Lernens liegt ja im angestrebten Können. Um diesen Zweck zu erreichen, werde ich eine Durststrecke des Übens durchstehen müssen. Die gedanklich vorweggenommene Fähigkeit ist dann so etwas wie das Licht am Ende des Tunnels.

Ähnlich verhält es sich mit einer Arbeit. Auch hier gilt es, eine Durststrecke zu überbrücken. Das Licht am Ende des Tunnels ist hier ein bestimmtes Ergebnis: ein Kunstwerk, eine Ernte, ein Wahlerfolg oder der Lohn für einen Gelegenheitsjob.

Um solche Durststrecken durchhalten zu können, bedarf es der Fantasie. Denn wo sonst, wenn nicht in der Fantasie, sollte die Idee vom »Licht am Ende des Tunnels« in unseren Köpfen ihre Macht entfalten. Die entwicklungsfördernde Wirkung des Spiels im Vorschulalter besteht eben gerade darin, diese Fantasie zu entwickeln und zu kräftigen.

Solange es den Kindern noch schwer fällt, ihre Tätigkeit einem zukunftsfernen Zweck unterzuordnen, muss ihre Tätigkeit zwangsläufig vorwiegend Selbstzweckcharakter tragen. Will man aber erklären, wie sich in Tätigkeiten, die vorwiegend vom Selbstzweck gesteuert sind, allmählich in der Fantasie stabile abstrakte Vorstellungen von zukunftsferneren Zielen entwickeln, muss man das kindliche Spiel ernst nehmen. Anders als Montessoris äußerliche Charakteristik von Spiel und Arbeit geht die psychologische Charakteristik ausschließlich vom Motiv der Tätigkeit aus: Besitzt ein Tun vorwiegend Selbstzweck, handelt es sich um Spiel, strebt das Tun ein Wissen oder Können an, handelt es sich um Lernen und ist das Tun auf die Herstellung eines materiellen oder ideellen Produkts gerichtet, haben wir es mit Arbeit zu tun.[37]

Das Motiv eines Tuns muss also nicht mit dem äußeren Erscheinungsbild einer Handlung übereinstimmen. Es kann im Gegensatz zur äußeren Erscheinung der Handlung stehen, ja sogar ihrer Benennung widersprechen: So kann ein Fußballspiel, bei dem es hauptsächlich um einen Geldgewinn geht, psychologisch gesehen Arbeit sein. Eine monotone Arbeit (Akten ordnen oder Wände weißen), die Beschäftigte mit kleinen Wetten auflockern, kann dagegen zum Spiel werden. In der Schule und beim Erledigen von Hausaufgaben ist das Lernen bekanntlich effektiver, wenn man monotone Übungsphasen durch Spiele auflockert. Klassiker sind Ratespiele, kleine Theateraufführungen vor der Klasse oder Wettrechnen.

Erst durch spielerische Wiederholung gelingt es Vorschulkindern allmählich, den Energieverbrauch ihres Gehirns bei alltäglichen Handlungen etwas zu senken. Die so gefestigten Fähigkeiten zeichnen sich – im Gegensatz zu einem durch Training vergrößerten Muskel – durch effektiveren und damit sparsameren Energieverbrauch aus.

Dies unterscheidet die flexible spielerische Eleganz der Geübten von den mit verkrampftem Ganzkörpereinsatz und mit glühendem Kopf handelnden Ungeübten. Im Spiel schaukeln sich sinkende Energiebilanz und wachsende Geschicklichkeit gegenseitig hoch: Die Freude an der Wiederholung eines Spiels führt zur Einsparung von Energie und steigert damit die Fertigkeiten. Das Erleben des Gelingens fördert den Spaß am Spiel – und dieser wiederum motiviert die erneute Wiederholung des Spiels usw.

Ernstspiel

Ein Kind sitzt völlig selbstvergessen über sein Spielzeug gebeugt in einer gemütlichen Ecke seines Zimmers. Auf Störungen reagiert es nur unwillig. Bei der ersten Gelegenheit kehrt es freudig zu seinem Spiel zurück. Es wird zum Essen gerufen und quengelt: »Darf ich noch ein bisschen weiterspielen, ich habe auch gar keinen Hunger!« Wer kennt solche Situationen nicht?

Meiner Ansicht nach weisen Montessoris Beobachtungen, dass Kinder ihre Tätigkeit so ernsthaft ausführen wie Erwachsene ihre Arbeitstätigkeit, auf einen sehr wichtigen Unterschied hin: nämlich den Unterschied zwischen einem entwicklungsfördernden Spiel und bloßer Spielerei. Bei einer Spielerei handelt es sich eher um die Überbrückung einer monotonen Situation des Wartens, des Übens, des Arbeitens oder des Mangels an anderer sinnvoller Beschäftigung.

Passender als »Arbeit« scheint mir für diese Form der Tätigkeit der Begriff »Ernstspiel« zu sein. Geprägt wurde er von William Stern (1871–1938), dem Begründer der Differenziellen Psychologie. Er wollte damit zunächst den dramatischen Schwankungen zwischen Ernst und Spiel im Verhalten von Teenagern einen Namen geben: »Von ›Ernstspiel‹ sprechen wir nur dort, wo eine subjektive Ernsthaftigkeit vorhanden ist, ohne dass die objektive Ernstbedeutung des Tuns ihr entspräche.«[38]

Mit Ernstspiel charakterisierte Stern zunächst eine Tätigkeitsform, die das Pubertätsalter charakterisiert. Aber wie er später zu Recht feststellt: »›Ernstspiel‹-Verhalten kommt in allen Altersstufen und in den verschiedensten Situationen vor und bildet den gemeinsamen Grundzug für eine Reihe verschiedenartiger Tatbestände.«[39]

In diesem weiteren Sinne erkennt Stern analog zu Montessori die Ernsthaftigkeit sogar in den Handlungen Einjähriger wieder: »[…] dem Kind ist alles, womit es spielt, sehr ernst; und umgekehrt ist auch sein ernsthaftes Tun noch so wenig in Konsequenzen hineingesetzt, wie sein Spielen.«[40]

Leider ist Sterns Begriff »Ernstspiel« doppeldeutig. Einerseits ist er die treffendste Bezeichnung für eine typisch jugendliche Verhaltensweise – andererseits bezeichnet er einen Wesenszug des Spiels im Allgemeinen: das Zusammentreffen von ernsthaftem psychologischen Sinn aus der Innensicht mit spielerischer Bedeutung aus der Außensicht.

Ich habe mich – um eine Verwässerung dieser schönen Wortschöpfung Sterns zu vermeiden – schließlich dafür entschieden, im Weiteren den Begriff »Ernstspiel« nur noch zur Bezeichnung einer Spielphase im Jugendalter zu verwenden. Um den allgemeinen Zusammenhang zwischen Ernst und Spiel hervorzuheben, ist der Begriff »entwicklungsförderndes Spiel« hinreichend genau.

Für die Erziehung ist das ernsthafte, entwicklungsfördernde Spiel von herausragender Bedeutung. Es verbindet die Erkenntnistätigkeit mit dem Bedürfnis unseres Gehirns nach genügend interessanter Anregung von außen. Pionierarbeit bei der Erforschung dieses bio-psychologischen Zusammenhangs leistete ausgerechnet Montessori. Auch wenn sie den Begriff des Spiels ablehnte, fand sie wohl als Erste den Grund dafür heraus, warum der Selbstzweck bestimmter Handlungen Kinder verschiedenen Alters stimuliert. Dieser Grund ist Gegenstand des nächsten Abschnitts. Hier schon einmal ein Vorspann:

Auf einem Vortrag in Rom im Jahre 1930 zeigte Montessori zwei Skelettmodelle. Das eine entsprach einem Kind und das andere einem Erwachsenen. Dabei hatte das Kinderskelett die gleiche Größe wie das Erwachsenenskelett.[41]

Mit diesen Skelettmodellen lenkte Montessori die Aufmerksamkeit auf den gewaltigen Schädelumfang des Kinderkopfes im Vergleich zum Rest des Körpers. Schlagartig wird klar, welch riesiges Gehirn der kleine kindliche Organismus zu versorgen hat. Stillsitzen und geduldiges Warten auf geistige Nahrung ist da nicht drin.

Sensible Phasen

Die Aufforderung »Hilf mir, es selbst zu tun!« gilt als Leitspruch der Montessori-Pädagogik.[42] Von einem traditionell logischen Standpunkt aus betrachtet ist diese Aufforderung paradoxer Unsinn. Es ist unmöglich, sich zugleich helfen zu lassen und etwas selbst zu tun.

Die Aufforderung ist vergleichbar mit den Aufforderungen »Höre nicht auf mich!« oder »Sei selbstbestimmt!«. Wir können nicht zugleich auf jemanden hören und nicht hören. Genauso wenig können wir gleichzeitig einer Anweisung folgen und trotzdem selbstbestimmt entscheiden.

Versuchen Sie zum Beispiel, folgende Handlungsanweisung buchstäblich zu befolgen: »Lesen Sie diesen Satz bitte nicht!« Sie können diese Aufforderung erst befolgen, wenn Sie den Satz schon gelesen haben – und dann ist es zu spät.

Doch Entwicklung in einem logischen Begriffssystem einzufangen, ist genau so hoffnungslos, wie eine Suppe mit der Gabel zu löffeln. Entwicklung ist immer paradox, weil sie die Gegensätze von Ist- und Sollzustand, Sein und Werden sowie Gegenwart und Zukunft vereint.

Paradoxien lassen sich auflösen, indem man die Gleichzeitigkeit aufhebt: Lesen Sie erst den Satz und befolgen Sie nun bitte die von ihm formulierte Aufforderung, indem Sie ihn nie wieder lesen! In der gleichen Form löste Montessori die Paradoxie der Hilfe zur Selbsthilfe. Sie führte zwei Phasen in die erzieherische Tätigkeit ein:
1. Phase: Vorbereitung der Umgebung durch die Erziehenden.
2. Phase: Beobachtung und Akzeptanz der Wahl der Beschäftigung durch die Kinder.

Ohne Phase eins wäre es Laissez-faire-Pädagogik. Ohne Phase zwei wäre es autoritäres, programmiertes Lernen in Skinner-Manier. Doch woher nimmt Montessori die Legitimation und die Kriterien für die Vorbereitung der Umgebung? Antwort: Aus der Kenntnis sensibler Phasen in der Entwicklung. Und damit war sie ihrer Zeit weit voraus.

Schon das Gehirn von Erwachsenen, bei denen es nur etwa zwei Prozent des Körpergewichts ausmacht, verbraucht ungefähr zwanzig Prozent der gesamten Energie. Da der Stoffwechsel im Gehirn auf Traubenzucker angewiesen ist, geht selbst im Ruhezustand bei Erwachsenen mehr als die Hälfte des im Körper verfügbaren Traubenzuckers in diesen Stoffwechsel ein.

Für die noch sehr jungen, oft nach Süßem lechzenden Gehirne von Vorschulkindern ist die Herausforderung noch viel dramatischer: »Bildgebende

Aufnahmen stützen diese Vermutung: Der Gehirnstoffwechsel nimmt insgesamt in den ersten fünf Lebensjahren stetig zu und sinkt danach wieder – der Energieumsatz im Gehirn eines Erwachsenen ist nur rund halb so groß wie der eines Fünfjährigen!«[43]

Aus kybernetischen Experimenten mit neuronalen Netzwerken ist bekannt, dass die Funktionsfähigkeit nicht von der Menge der Kontakte zwischen den Neuronen abhängt. Nach dem Prinzip »Was nicht benutzt wird, geht verloren« (*use it or lose it*) wird die richtige Anzahl der Kontakte durch Wiederholung und Erfolgsrückmeldung ausgesiebt. Überzählige Verschaltungen im Gesamtnetzwerk verstärken dagegen nur ein unerwünschtes Verrauschen der Signale. Das Ziel eines effizienten neuronalen Netzwerkes ist also: so wenig Verbindungen wie möglich, aber so viele wie notwendig.[44]

Ähnlich kann man sich das Lernen in früher Kindheit vorstellen: »Nicht gebrauchte synaptische Verbindungen zwischen Neuronen werden wieder abgebaut beziehungsweise stillgelegt – schließlich kostet ihr Unterhalt die Zelle nur unnötig Energie!«[45]

Montessori beobachtete schon zu Beginn ihrer pädagogischen Karriere fasziniert, wie Kinder im Alter von drei bis sechs Jahren einem Schwamm gleich Fremdsprachen aufsaugten. Sie beaufsichtigte zu dieser Zeit eine Schule für Diplomatenkinder in einer Villa auf dem Monte Pincio, einem Hügel im nördlichen Stadtgebiet von Rom. Die Kinder sprachen alle verschiedene Sprachen und kamen aus Elternhäusern mit den verschiedensten Sitten.

»Nach Aussage einer damaligen Journalistin ›herrschte zunächst Verwirrung; aber bevor ein Monat vergangen war, hatte sich dieser babylonische Turm in eine Gemeinschaft fröhlicher, eifrig beschäftigter Kinder‹ verwandelt.«[46]

»In Wirklichkeit besteht zunächst lediglich die Anlage zum Hervorbringen einer Sprache«, résumiert Montessori.

»Ähnlich verhält es sich mit der Gesamtheit der seelischen Welt, von der die Sprache ja nur eine äußere Kundgebung darstellt. Im Kinde ist die schöpferische Haltung, die potenzielle Energie vorhanden, die es befähigt, aufgrund seiner Umwelteindrücke eine seelische Welt aufzubauen.«[47]

In der Tat zeigt die moderne Kleinkindforschung, dass etwa sieben bis acht Monate alte Babys eine Weltsprache sprechen: »bababa, dadada« usw. Mit einem bis anderthalb Jahren ändert sich das. Sie werden provinziell. Jetzt brabbeln sie erkennbar chinesische, spanische, russische oder deutsche Lautfolgen.

Dieser Wandlung geht eine Phase erhöhter Sensibilität für Lautmuster voraus, die sich später verliert: Die sehr kleinen Babys unterscheiden noch mühelos Lautfolgen aller Sprachen – ganz gleich ob afrikanisches Kikuyu, Russisch oder Chinesisch.[48]

Ähnliches gilt für das Erkennen von Gesichtern. Der Psychologe Charles Nelson vom Children's Hospital in Boston fand heraus: Anfangs besitzen etwa sechs Monate alte Säuglinge noch die Fähigkeit, fast universell Gesichter unterscheiden zu können. Sogar für die Gesichter von Affen genügt ihnen ein kurzer Blick, um kleinste Unterschiede zu registrieren. Aber schon mit etwa neun Monaten geht diese Fähigkeit verloren.[49]

In den sensiblen Phasen sah Montessori so etwas wie Kompassnadeln, die auf die Aufmerksamkeit des Kindes eine lenkende Wirkung ausüben. Während in Skinners Modell die Steuerung des Verhaltens hauptsächlich von außen erfolgt, ist die Kybernetik in Montessoris Entwicklungsmodell genau umgekehrt: Das Innere steuert das äußerlich sichtbare Verhalten.

Polarisation der Aufmerksamkeit

Doch wie konnte Montessori in einer Zeit, in der Hirnscans und neuronale Netzwerke noch nicht einmal Science Fiction waren, die große Bedeutung von Zeitfenstern in der Hirnentwicklung entdecken? Antwort: im Experiment. Sie beobachtete systematisch ein Phänomen, das sich bei allen freiwillig gewählten Tätigkeiten einstellen kann, bei Gartenarbeit, beim Malen, beim Perlenauffädeln, beim Sortieren, beim Schreiben, beim Lesen, beim Musizieren, beim Lösen mathematischer Aufgaben usw.[50] Sie bezeichnete dieses Phänomen als »Polarisation der Aufmerksamkeit«.[51]

Beispiel: Malende Kleinkinder – Stift in der geballten Faust, Zunge zwischen die Zähne geklemmt und abwechselnd Nase, Kinn und Wange festgeklebt auf dem Blatt – verfolgen mit den Augen so nah wie möglich die faszinierenden Spuren, die der umherfahrende Stift auf dem weißen Papier hinterlässt.

Die Polarisation der Aufmerksamkeit ist ein Zustand der entspannten Wachheit. Während er bei Vorschulkindern nur über Handlungen erzeugt werden kann, können ihn Erwachsene bei sich selbst auch über mentale Bilder erzeugen. Mir hilft dafür zum Beispiel ein gedankliches Schachspiel gegen mich selbst (bei dem ich erfreulicherweise immer gewinne!) oder die Bildung einer Zahlenfolge durch wiederholte Anwendung einer einfachen mathematischen Formel. Natürlich ist es individuell sehr verschieden, welche Manipulationen an gedanklichen Bildern dafür wirklich geeignet sind.

Wegen dieser Fähigkeit, mentale Bilder steuern zu können, lassen sich die neurobiologischen Vorgänge bei der Polarisation der Aufmerksamkeit leichter bei Erwachsenen untersuchen. Das moderne bildgebende Messverfahren dafür stammt aus der Schlaganfall-Diagnostik. Man misst die Bewegung von Wassermolekülen entlang der Faserbündel der weißen Substanz im Gehirn mithilfe der Magnetresonanztomografie (MRT).

Mit diesem Verfahren untersuchte der Neurowissenschaftler Yi-Yuan Tang von der Dalian University of Technology in China die Wirkung von Kurzzeitmeditationen zur Polarisation der Aufmerksamkeit auf das Gehirn. Seine »Versuchskaninchen« waren Studierende an der University of Oregon.[52] Nach 22 halbstündigen Meditationen über mentale Bilder innerhalb eines Monats konnte Tang schon qualitative Änderungen im Nervennetzwerk nachweisen. Dabei verglich er die Nervenbahnen der Meditierenden mit denen anderer Studierender. Letztere hatten während dieses Monats nur ein einfaches Entspannungstraining absolviert. Bei ihnen blieben die Nervenstrukturen unverändert.

Die Veränderungen, die bei diesem aktiven Zustand entspannter Wachheit auftreten, zeigten sich vor allem in den vorderen Teilen eines bestimmten Typs von bogenförmigen, gürtelartigen Hirnwindungen, den Gyri cinguli (cingulum, lateinisch für »Gürtel«). Sie gehören zum Stirnhirn (frontale Region des Gehirns).

Der vordere Teil dieser Hirnwindung ist unter anderem dann aktiv, wenn man Konflikte zwischen unterschiedlichen Handlungsmöglichkeiten erkennt und löst.[53] In der frühkindlichen Entwicklung geht die zunehmende Entwicklung dieser Region mit einer allmählich besseren Selbstkontrolle von Emotionen und Handlungen einher. Dies ist jedoch nur möglich, wenn die Umwelt den Kindern dafür auch die geeignete geistige Nahrung bietet.

Die folgende Abbildung skizziert die Lage der Gyri cinguli in der rechten Hemisphäre und etwas verdeckt in der linken Hemisphäre:

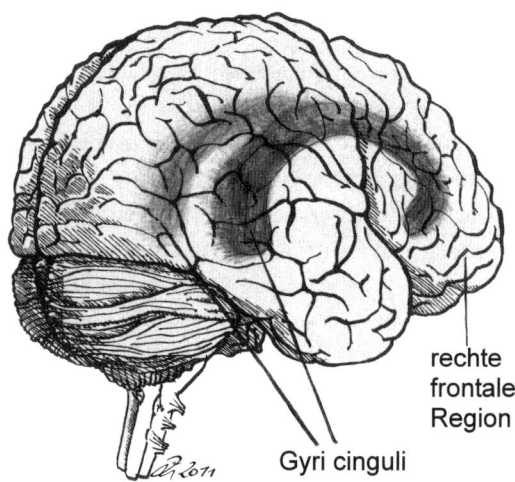
rechte frontale Region
Gyri cinguli

Kybernetisch betrachtet ist die Montessori-Pädagogik wirklich ein sehr originelles, ja nahezu paradoxes Rückkoppelungssystem. Die Kinder steuern ihren Entwicklungsprozess unwillkürlich selbst, indem sie in sensiblen Phasen den Scheinwerfer ihrer Aufmerksamkeit bevorzugt auf bestimmte Bereiche ihrer Umwelt richten (zum Beispiel auf eine Zeichnung oder auf Perlen).

Die Erziehenden versuchen durch möglichst passive Beobachtung, diese innere Steuerung zu entschlüsseln und die Umwelt dafür zu optimieren. Die Kinder regeln das Verhalten der Erziehenden, die wiederum durch Vorbereitung der Umgebung die Umweltbedingungen regeln. Im Idealfall schaukeln sich beide Regelungsvorgänge gegenseitig hoch und bewirken sprunghafte Entwicklungsfortschritte.

Ausgangspunkt der Montessori-Pädagogik ist – wie bei Fröbel – die Eigentätigkeit der Kinder. Das Wesen dieser Eigentätigkeit ist ihr Selbstzweck, die intrinsische Motivation, die von den besonderen Bedürfnissen des zentralen Nervensystems von Vorschulkindern erzeugt wird. Wenn wir den Selbstzweck als zentrales psychologisches Wesensmerkmal des Spiels ansehen, kehren wir, wenn auch auf höherer Stufe, zu Fröbels Spieltheorie zurück. Und in der Tat, Montessori schwärmt von ihrer Erziehungsmethode in blumigen Bildern, wie es einst Fröbel nicht besser gekonnt hätte:

»Der Mensch vermag durch Pflege auf die Blumen, auf deren natürliche Farben und Düfte einzuwirken, das Auftreten gewisser Merkmale zu fördern und es dahin zu bringen, dass die ursprünglichen, von der Natur dargebotenen Eigenschaften sich in erhöhter Kraft und Schönheit weiterentwickeln.«[54]

> **Zusammenfassung**

Die psychologische Charakteristik einer Tätigkeit sollte vom Motiv ausgehen: Im Spiel ist das Motiv Selbstzweck, beim Lernen Wissen oder Können und bei Arbeit ein Produkt, Werk oder Lohn.

> **Reflexion**

Stellen Sie sich in einem ruhigen Zimmer einen Wecker so, dass er nach fünf Minuten klingelt. Nun versuchen Sie mit geschlossenen Augen, sich ausschließlich auf Ihre Atmung zu konzentrieren. Bitte nicht einschlafen! Wenn Sie sich bei ablenkenden Gedanken ertappen, ermahnen Sie sich zur erneuten Konzentration auf die Atmung. Unter welchen Umständen gelingt Ihnen das?

> **Beobachtung**

Fragen Sie Kinder nach dem Warum ihres Spiels. Welche Gründe geben sie an? Welche Handlungen brechen sie ab, wenn ein äußerlicher Zweck nicht mehr gegeben ist? Welche Handlungen führen sie fort, obwohl ein äußerlicher Zweck nicht mehr gegeben ist?

Eine interessante Differenz zwischen Montessori und Fröbel bleibt jedoch Montessoris Plädoyer für eine starke Orientierung an Arbeit und Realität statt an Spiel und Fantasie:

> »Manchmal zerbricht das Kind das Spielzeug wütend, wie ein beleidigter Mensch. […] Das Kind strebt danach, mit allen Dingen seiner Umgebung real zu leben; es möchte wirklich ein Waschbecken für sich benützen, sich anziehen, die Haare eines lebendigen Kopfes kämmen; es möchte wirklich den Boden kehren[…]«[55]

Mein Gegenargument ist: Ein Kind, das sich gedanklich in die Rolle eines Erwachsenen hineinträumt, unterscheidet sich eben gerade durch diesen Traum vom Erwachsenen. Anders als für Erwachsene ist für Vorschulkinder das Ergebnis der Handlung zweitrangig. Sie neigen eher dazu, die Haare einer Person nicht wegen der Verbesserung der Frisur zu kämmen, sondern weil sie Freude am Kämmen haben. Sie kehren den Boden eher nicht wegen der Sauberkeit, sondern weil sie Freude am Kehren haben. Sie würden auch eine frisch frisierte Person kämmen und einen glänzenden, gerade gewichsten Fußboden kehren.

Obwohl Montessori ebenfalls diesen Selbstzweckcharakter des kindlichen Handelns betont, schlussfolgerte sie aus ihren Beobachtungen, dass die Erziehung von Anfang an Realität, Arbeit und Gegenwart in den Mittelpunkt stellen sollte. Es ist unbestritten, dass Kinder unter Zwang schon sehr früh lernen, ihre Selbstzweckmotive zugunsten einer Orientierung am Ergebnis der Handlung zu unterdrücken.

Besonders brutal zeigt sich diese Fähigkeit bei der immer noch weltweit verbreiteten Kinderarbeit. Nach Angaben von UNICEF arbeiten auch heute noch viele Millionen von Kindern in der Landwirtschaft und sogar in Steinbrüchen. 800.000 Minderjährige arbeiten allein in Bolivien – und das trotz der UN-Kinderrechtskonvention, die Kindern seit 1989 das Recht auf Schutz vor wirtschaftlicher Ausbeutung zusichert.

Natürlich meint Montessori, wenn sie von Arbeit spricht, alles, nur nicht die Ausbeutung von Kindern durch Zwangsarbeit. Trotzdem unterschätzt sie meiner Meinung nach die wichtige Bedeutung von Spiel und Fantasie für die geistige Entwicklung. Montessori befürchtete selbst bei Märchen, die ungenügende Trennung von Realem und Irrealem könnte die Kinder überfordern.[56]

Wahrscheinlich hätte sie an der *Sendung mit der Maus* kritisiert, dass die Maus den kleinen Elefanten um ein Vielfaches überragt. Aber ohne das Switchen zwischen Lach- und Sachgeschichten wäre diese so unglaublich erfolgreiche Kindersendung doch witzlos, oder?

Ein Zeitgenosse Montessoris sah das genauso: Kurt Lewin (1890–1947). Er war einer der einflussreichsten Psychologen unter den Kritikern des Behaviorismus à la Watson und Skinner. Im Irrealen erkannte er eine wichtige Funktion für die Entwicklung des abstrakten Denkens bei Kindern.

In einem Artikel in der Monatszeitschrift *Die neue Erziehung*, die für eine entschiedene Schulreform und freiheitliche Schulpolitik eintrat, schilderte Lewin schon im Jahre 1931 seine Beobachtung über die Bedeutung der spielerischen Fantasie für die geistige Entwicklung: »Bei proletarischen Kindern pflegt die Trennung von Realität und Irrealität früher einzutreten; aber wir wissen, dass das nicht immer ein Vorteil ist, sondern dass eine allzu harte Umwelt zur Kümmerform führt.«[57]

Luftschlösser und Traumwelten
Welchen Wert hat das Spiel als Ersatzhandlung?

Senso- und Mnemomotorik

Zu gern hätte der gerade erst anderthalbjährige Günther den Turm aus Bauklötzen zwischen seine Finger bekommen. Wie herrlich würde er doch einstürzen. Der Turm scheint ihn regelrecht dazu aufzufordern: Komm her und hau mich um, ich werde dich auch nicht enttäuschen und ganz fantastisch einkrachen!

Die Vorfreude auf dieses Ereignis ist dem kleinen Berserker regelrecht ins Gesicht geschrieben. Doch immer, wenn er sich dem Turm nähert, gibt es da ein ärgerliches Hindernis: einen blöden Zaun, der ihm den Weg zum Turm versperrt. Doch Klein-Günther gibt nicht auf. Er versucht zwei Dinge gleichzeitig: dem Zaun auszuweichen und dem Turm möglichst nahezukommen. Dabei umrundet er den Zaun wie ein lauerndes Raubtier. Doch dieser bildet einen geschlossenen Kreis mit dem verlockenden Turm im Mittelpunkt. Eine hoffnungslose Situation.

Spätestens nach einer Umrundung des Zaunkreises hätte Klein-Günther bemerken müssen, dass er im Kreis läuft. Aber das scheint er nicht zu bemerken. Immer schneller saust der kleine Satellit um den ärgerlichen Zaun. Hofft er, irgendwann an das Ende des Zauns zu gelangen?

Als Zuschauer des Films ist einem von Anfang an klar, dass es ein solches Ende bei der geschlossenen Kreisform gar nicht geben kann. Umso rätselhafter und verzweifelter erscheint Klein-Günthers Verhalten.[58] Dieser in verblassten Graustufen flimmernde und knisternde Stummfilm vom kleinen Günther aus dem Jahre 1929 wurde von Kurt Lewin angeregt.

Bei einem Kameraschwenk gerät Lewin selbst in das Visier der Schmalfilmkamera: Bekleidet mit Kniehosen erinnert er an Knickerbocker-Träger in berühmt berüchtigten Comic-Serien, wie zum Beispiel Nick Knatterton von Manfred Schmidt (1913–1999) oder Tim (Tintin) des belgischen Zeichners Hergé (1907–1983). Helles Jackett, weißes Hemd und dunkle Krawatte wirken dagegen alles andere als altbacken. Das gilt gleichermaßen für sein glatt nach hinten gekämmtes Haar und die Nickelbrille. Die runden Gläser verleihen Lewin die Aura eines sympathisch durch ein Spekuliereisen blinzelnden Kopfmenschen. John Lennon (1940–1980) sollte diese Aura später zum Urbild des progressiven Intellektuellen kultivieren.

Die Kamera schwenkt wieder auf Klein-Günther, bekleidet mit altmodischen Windelhosen und Leibchen. Er hebt, etwas müde geworden vom Kreisen, ein wenig Sand vom Boden auf, um ihn dann dem fast teilnahmslos neben dem Zaun hockenden Lewin zu reichen. Als dieser den Sand annimmt, läuft Günther wie aufgezogen wieder los – immer im Kreis um den Zaun, in dessen Mitte der verheißungsvolle Turm aus Bauklötzen lockt.

»Ein netter Junge, ganz nach meiner Theorie«, soll Lewin zu diesem Film bemerkt haben.[59] Das Leitmotiv seiner Forschung war: Nichts ist so praktisch wie eine gute Theorie![60] Er war der Überzeugung, dass das auch schon für ganz kleine Kinder wie Günther gelten muss.

Ohne Theorie bleiben wir Sklaven unserer unmittelbaren Beobachtung. Wir wären in unserem Alltag jeder zufälligen Situation genauso verhaftet und ausgeliefert wie Klein-Günther. Unsere Aufmerksamkeit ist eben kein Fernscheinwerfer, sondern eher eine Nebelschlussleuchte. Eine gute Theorie ermöglicht uns dagegen die elegante Navigation im Nebel diffuser Empfindungen wie mit einem Radarsystem.

Könnte der kleine Günther sich doch nur selbst so sehen wie wir ihn im Film. Augenblicklich wäre ihm die Vergeblichkeit seines Tuns klar geworden: Es gibt keine Lücke im Zaun, auch wenn er ihn noch so oft umkreist.

Aber wie sollte Günther sich selbst aus der Vogelperspektive sehen können? Er kann nun einmal nicht aus seiner Haut schlüpfen. Das geht nur in der Fantasie. Und genau darauf kam es Lewin an.

Doch wie entwickeln Kinder im so zarten Alter wie Günther ihre Fantasie? Antwort: in Als-ob-Spielen. Nirgends zeigt sich der wichtige Zusammenhang von Bewegung und Fantasie so deutlich wie in Als-ob-Spielen. Sie fördern den Übergang von sensomotorischen Fähigkeiten zu mnemomotorischen Fertigkeiten.

Techniken, die das Gedächtnis unterstützen, werden unter dem Begriff Mnemonik zusammengefasst, denn das griechische Wort für Gedächtnis lautet »μνημη« (Mneme). Da die Lautkombination von m und n am Wortanfang schwer zu sprechen ist, wird in vielen Redewendungen das *n* einfach weggelassen. Ein Beispiel ist das Wort »Memo«. Es steht umgangssprachlich für eine kurze Erinnerungsnotiz auf einem Merkzettel.

Das Wort »Mnemomotorik« ist eine Zusammensetzung: Das griechische Wort »Mnemonik« bezeichnet die Kunst, dem Gedächtnis mit Hilfsmitteln auf die Sprünge zu helfen. Das lateinische Wort »Motorik« steht für die Gesamtheit willkürlich und unwillkürlich gesteuerter Bewegungen.

Den Begriff der Mnemomotorik stelle ich dem Begriff der Sensomotorik gegenüber. Auch dieser Begriff ist eine Zusammensetzung: Das lateinisch-französische Wort »sensoriell« bezeichnet Sinnesempfindungen.

Sensomotorik und Mnemomotorik sind Oberbegriffe für zwei verschiedene Gruppen von Kreisreaktionen: Sensomotorik für die Regelkreise von Wahrnehmung und Bewegung auf der einen Seite und Mnemomotorik für die Regelkreise von Gedächtnis und Bewegung auf der anderen Seite. In der zweiten Gruppe von Regelkreisen wird die Wahrnehmung durch Fantasie und Einbildungskraft ersetzt.

Beispiel: Ein Kind gibt sich selbstvergessen seinen Erinnerungen aus dem Zirkus hin. In seiner Fantasie sieht es sich aus der Vogelperspektive durch die Arena reiten. Gleichzeitig kippelt es geschickt auf einem Stuhl mit der Lehne nach vorn durch sein Zimmer. So hält dieses Kind sensomotorisch das Gleichgewicht beim Schaukeln und reitet gleichzeitig mnemomotorisch auf dem Rücken eines Fantasiepferdes.

Im kindlichen Spiel nimmt, je mehr sich die Kinder vom unmittelbaren Wahrnehmungsfeld lösen, der mnemomotorische Anteil gegenüber dem sensomotorischen zu. Typisch ist dafür der Ausruf: Ich kann es jetzt mit Augen zu!

»Die Irrealität, das Land der Träume und Luftschlösser«, schreibt Lewin, »stellt psychologisch-dynamisch ein weiches und leicht bewegliches Medium dar. Es ist durch die Tatsache charakterisiert, dass man in ihm kann, was man will.«[61]

Die Macht des Irrealen

Irrealität beschränkt sich in Lewins Theorie nicht nur auf Gedanken und Träume. Auch Handlungen können irreal sein: Lewin beobachtete zum Beispiel in einem Kindergarten die Reaktion eines Kindes auf das Verbot zu zeichnen. Traurig schaute dieses Kind zu, wie die anderen Kinder zeichneten, und begann, in sich gekehrt die Malstifte zu streicheln.

Gesten, Phrasen und Ersatzhandlungen wie das Streicheln der Stifte zählt Lewin ebenfalls zur Irrealitätsschicht. Diese Anderswelt in unseren Köpfen, die der menschlichen Fantasie entspricht, ermöglicht uns eine nahezu unbegrenzte geistige Beweglichkeit:

»Die Ziele, die das kindliche Handeln bestimmen, werden immer weiter in die Zukunft geworfen. Auf dieser zeitlichen Verlagerung der Ziele basiert eine entscheidende Ausbreitung des psychologisch gegenwärtigen Lebensraumes des Kindes«, schreibt Lewin und führt an späterer Stelle die Überlegung hinzu: »Das in die Zukunft hinausgreifende Handlungsziel ist aber zugleich etwas Irreales. Es ist etwas, was aus dem Reich der Wünsche und Träume kommt ...«[62]

Natürlich will die Übersetzung von Wunschträumen in realistische Ziele gelernt sein. Dafür bietet das Spiel den idealen Raum. Insofern erweist sich das Spiel in der Tat als eine sehr ernste Sache. Wunschtraum, konkretisierter Wunsch, Handlungsziel, Erfahrung, Bewertung, Veränderung der emotionalen Situation und die Entwicklung neuer Träume bilden eine sich lebenslang drehende kreiskausale Kette, die eine allmähliche raumzeitliche Ausweitung der Lebenswelt einer Person ermöglicht.

Dieser kreiskausale Prozess gilt auch für Erwachsene – nur besitzt er bei ihnen einen viel größeren raumzeitlichen Radius. Nicht nur für Kinder besteht die Gefahr, unter Zwang und bei unlösbaren Konflikten in eine illusorische Traumwelt zu flüchten, die jeglichen Bezug zur Handlungswirklichkeit verliert. Lewin schreibt dazu: »Auch beim Erwachsenen steht hart neben dem kühnen, weitausschauenden Plan die Utopie und Phantasterei.«[63]

Im Idealfall erfolgt die Trennung zwischen Irrealität und Realität durch frei gewählte Handlungen, in denen das Kind den Widerstand der Dinge gegen den eigenen Willen erleben kann (Beispiel: Das Einfügen von Einsatzzylindern, die jeweils nur in eine einzige Öffnung passen.). Darin sieht Lewin eine besondere Stärke der Montessori-Pädagogik:

»Wir wissen, wie sehr der Gedanke: freie Wahl der Beschäftigung einerseits, Selbstkontrolle aufgrund der besonderen Struktur des Beschäftigungsmaterials andererseits, zu den Grundprinzipien der Montessori-Erziehung gehört.«[64]

Und in der Tat gehören auch Traum, Symbol und Spiel zur Montessori-Pädagogik. Ein schönes Beispiel ist das von Montessori entwickelte Spiel »der Seiltänzer«.[65] Bei diesem Spiel sollen sich die Kinder vorstellen, wie sie über ein Seil laufen. Die anschauliche Stütze für dieses Als-ob-Spiel ist ein mit Kreide gezogener Strich auf dem Boden.

Der Kreidestrich ist die Gedächtnisstütze zur Stabilisierung der Fantasie, als Seiltänzer einen Abgrund auf einem Seil zu überqueren. In einem gewissen Alter ist die Fantasie ohne äußere Gedächtnisstütze noch zu instabil. Aber das Spiel zeigt trotzdem eindrucksvoll, wie weit die Fantasie die Bewegungsteuerung von Bereichen der unmittelbaren Wahrnehmung befreit.

Aufforderungscharaktere

»Pünktchen, Pünktchen, Komma, Strich – fertig ist das Mondgesicht ...« Dieser Spruch begleitet für gewöhnlich ein Spiel mit Papier und Bleistift. Ich erinnere es aus meiner eigenen Vorschulzeit: Zwei Punkte dienten als Augen. Zwischen die Augen kam ein Komma als Nase. Ein Querstrich darunter als Mund komplettierte das Gesicht, das abschließend nur noch einzukreisen war. Mondgesichter waren die Vorläufer der heutigen Smileys.

Wenn der Funke überspringt, kann es sein, dass ein Vorschulkind für ein solches Spiel brennt und immer wieder fordert: »Noch einmal!« Lewin spricht dann von einer hohen Valenz oder einem hohen Aufforderungscharakter des Spiels.

Der Aufforderungscharakter gewisser Handlungen und Gegenstände lässt sich auch schon in frühester Kindheit nachweisen. Montessori schrieb dazu: »So hat Lewin mittels seiner psychologischen Lehrfilme gezeigt, wie schon ein kleines Kind, das einen Gegenstand begehrt, diesem unter Anspannung aller seiner Körpermuskeln zustrebt.«[66]

Der Aufforderungscharakter der Dinge zeigt sich in vielen alltäglichen Situationen: Eine herumliegende Blechdose fordert auf, dagegen zu treten, ein glänzend roter Apfel verleitet zum Hineinbeißen oder ein Pickel drängt dazu, ausgedrückt zu werden. Solche Aufforderungscharaktere strukturieren unseren Lebensraum im Hier und Jetzt, indem sie in uns einen mehr oder weniger starken Drang zum Handeln auslösen.

Aufforderungscharaktere dürfen jedoch nicht mit Zwängen oder Suchtverhalten verwechselt werden. Spielsucht kann zum Beispiel wie Drogenabhängigkeit dazu dienen, sich von Frustration, Stress oder Ängsten abzulenken.

Dass der Vergleich von Drogenabhängigkeit und Spielsucht nicht zu weit hergeholt ist, fand die Neurologin Maja Tippmann-Peikert durch einen Zufall an der Mayo-Klinik (Minnesota) heraus: Sie gab Patienten mit unwillkürlichem nächtlichen Beinzappeln (Restless-Leg-Syndrom) ein Medikament, das die Wirkung des Botenstoffs Dopamin im Gehirn verstärkt. Die so behandelten Patienten entwickelten auf einmal – völlig gegen ihre sonstigen Gewohnheiten – eine ausgeprägte Spielsucht. Sie verloren daraufhin sehr große Geldbeträge im Glücksspiel.[67]

Eine größere Studie im National Institute of Neurological Disorders and Stroke in Bethesda bestätigte den Zusammenhang zwischen Dopamin und Spielsucht.[68] Das High-Gefühl beim Drogenkonsum, aber auch beim Spiel, geht mit einer erhöhten Dopaminkonzentration im Bereich des Nucleus accumbens einher, dem Kernbereich dieses Belohnungssystems (siehe auch *Erziehung ohne Grenzen – die Macht der Rückmeldung*, S. 21).

Auf der anderen Seite ist spätestens seit Dostojewskis Roman *Der Spieler* bekannt, dass Spiel wie eine Droge zur Ersatzhandlung für unerfüllte Sehnsüchte werden kann. Auf den Zusammenhang zwischen Aufforderungscharakteren, Ersatzwert und Spiel komme ich an späterer Stelle noch einmal zurück.

Aufforderungscharaktere sind »Quasibedürfnisse«. Sie werden als innere Spannung erlebt, wenn sie im Augenblick nicht befriedigt werden können – unter Umständen fast so stark wie Durst oder Harndrang. Solche Aufforderungscharaktere inspirierten Lewin zur Entwicklung seiner experimentellen Methode, mit der er ihre Stärke und deren Überwindung wissenschaftlich untersuchte. Das Zeichnen von Mondgesichtern war eine der Handlungen, die Lewin zur Untersuchung des Aufforderungscharakters bei Kindern einsetzte.

Sättigung

Lewin machte sich bei der Erforschung von Aufforderungscharakteren die Tatsache zunutze, dass irgendwann jedes Spiel, wenn ihm weder Spielsucht noch Zwangshandlungen zugrunde liegen, langweilig wird. Sein Fachbegriff dafür ist »Sättigung«. In experimentellen Untersuchungen ermittelte er den genauen Zeitpunkt, zu dem die Sättigung einer Handlung eintrat. Der Zeitpunkt des Eintretens der Sättigung kann als Maß für den Aufforderungscharakter angesehen werden, der von einem Material oder einem Spiel in einer bestimmten Situation ausgeht. Der Wert dieses Maßes liegt vor allem darin, dass es universell für alle denkbaren Handlungen beliebiger Menschen gültig ist.

Dieses Maß nutzte er auch zur Beantwortung folgender Frage: Welche Bedeutung hat die Entwicklung der Fantasie im Vorschulalter für die späteren Schulleistungen? Zur Beantwortung dieser Fragestellung untersuchte Lewin 155 Grundschulkinder in Regelklassen im Alter von acht bis elf Jahren. Als Vergleichsgruppe dienten ihm 164 Kinder mit Lernschwierigkeiten aus Sonderschulen (IQ zirka 50–80) etwa gleichen Alters.[69]

Zur Messung der Sättigung einer Handlung bei Grundschulkindern wählte Lewin Spielmaterialien mit einem hohen Aufforderungscharakter aus. Ein Beispiel dafür ist das schon erwähnte Zeichnen von Mondgesichtern.

Die erste Untersuchung zeigte, dass die Kinder mit Lernschwierigkeiten bei nahezu gleichen Sättigungszeiten (von etwa 30 bis 40 Minuten) bedeutend häufigere Pausen einlegten und öfter auf Nebenhandlungen auswichen. Montessori hatte schon Ähnliches beobachtet:

> »Das Unterrichtsmaterial, das ich den normalen Kindern darbot, hatte auf sie nicht dieselbe Wirkung, die es auf geistesschwache Kinder ausgeübt hatte. Wenn der betreffende Gegenstand das normale Kind anzog, so heftete es sogleich seine ganze Aufmerksamkeit darauf. Es arbeitete damit und arbeitete pausenlos, in einer bewunderungswürdigen Konzentration. Nachdem es gearbeitet hatte, dann erst schien das Kind befriedigt, ausgeruht und glücklich.«[70]

Dieser Kontrast wurde in Lewins Untersuchungen besonders deutlich, wenn ein Konflikt zwischen dem Willen, die Handlung fortzusetzen, und der beginnenden Sättigung auftrat. Das Verhalten der Kinder mit Lernschwierigkeiten zeigte in diesen Konfliktsituationen einen radikalen Entweder-oder-Charakter: entweder Abbruch der Handlung oder Fortführung. Die Regelschulkinder reagierten auf diesen Konflikt dagegen bedeutend sanfter und elastischer: Sie zogen demonstrativ gelangweilte Gesichter oder signalisierten durch theatralische Verlangsamung der Handlung ihre Erschöpfung.

Lewin sah darin ein erstes Indiz für folgende theoretische Überlegung: Die bei den Sonderschülern beobachtbare stärkere Starrheit, Situationsabhängigkeit und Unbeweglichkeit ihres Verhaltens könnte ein Hinweis auf die zu gering entwickelte Irrealitätsschicht sein. Kinder, die durch ungünstige soziale oder organische Gegebenheiten zu früh dem Zwang des Faktischen im Hier und Jetzt ausgeliefert sind, erhalten zu wenig Gelegenheit, im Spiel ihre Fantasie zu entwickeln. Dadurch laufen sie Gefahr, in ihrer geistigen Entwicklung zurückzubleiben.

Einen ähnlichen Eindruck gewann Lewin in einer zweiten Untersuchung, in der es um die Reaktion der Kinder auf eine Unterbrechung ihrer Handlungen ging. Auf diese Untersuchung kann ich erst an späterer Stelle eingehen, weil ich Ihnen zuvor einen Einblick in die theoretischen Hintergründe gewähren sollte.

Ersatzwert als Abstraktion

Eltern stellen besorgt fest: Ihre Kinder verbringen Stunden am Computer. Mit einem pädagogisch wertvollen Tangram-Spiel aus Holz wollen sie ihre Sprösslinge davon abbringen. Folgsam – aber etwas unwillig – gehen die Kinder auf den Wunsch der Eltern ein und legen lustlos einige Tierfiguren mit den geometrischen Tangram-Teilen. Doch kaum entfernen sich die Eltern, lassen sie die Tangram-Teile fallen und eilen freudig zum Computer zurück. Lewin würde sagen: Das Tangram-Spiel besitzt als Ersatzhandlung kaum Ersatzwert für das Computerspiel.

Doch die Eltern geben nicht auf. Nach vielen vergeblichen Versuchen gelingt es ihnen dann doch noch, ihre Sprösslinge dauerhaft vom Computer wegzulocken – und zwar mit einem kleinen Zauberspiel. Hier war der Ersatzwert offensichtlich gegeben. Selbst als den Eltern langsam die Zaubertricks ausgingen, war das kein Problem. Die Kinder hatten längst selbst die Initiative ergriffen. Ihre Freude an magischen Darbietungen war also stark genug, um sie von einer Rückkehr zum Computer abzuhalten.

Lewin erkannte in der Tendenz zur Rückkehr zu einer unterbrochenen Handlung ein weiteres Maß für den Aufforderungscharakter. Seine Untersuchungen zeigten, dass diese Tendenz bei Kindern mit Lernschwierigkeiten markanter war als bei den anderen Kindern.

Die Tendenz der Rückkehr zur unterbrochenen Handlung trat bei den Regelschulkindern in achtzig Prozent der Fälle auf. Unter denselben Bedingungen zeigte sich diese Tendenz bei den Kindern mit Lernschwierigkeiten sogar in hundert Prozent der Fälle. Lewin sah darin eine gewisse Stärke dieser Kinder, da sie sich ja von ihrem Vorhaben schwerer abbringen ließen.

Eine dritte Untersuchung schließlich widmete sich der Frage: Was passiert, wenn nach einer unterbrochenen Handlung dem Kind eine andere Handlung angeboten wird, die in irgendeiner Beziehung zur Ausgangshandlung steht?

In unserem Ausgangsbeispiel gab es für die Kinder offensichtlich eine solche Beziehung. Vielleicht war der Computer für sie so etwas wie ein »Zauberkasten«, mit dem man verblüffende Effekte erzielen konnte. Jedenfalls hatte das von den Eltern angeregte Zauberspiel ja offensichtlich einen Ersatzwert.

In seiner dritten Untersuchung kam Lewin zu folgendem Ergebnis: Unter den Bedingungen, unter denen Regelschulkinder Ersatzhandlungen akzeptierten, fiel die Rückkehr zur unterbrochenen Handlung von 80 Prozent auf 23 Prozent. Bei Kindern mit Lernschwierigkeiten änderte sich unter den gleichen Bedingungen nur wenig: Die Rückkehr von 100 Prozent sank nur auf 94 Prozent.

Hinter diesem quantitativen Unterschied entdeckte Lewin eine qualitative Differenz: Der Ersatz einer Handlung durch eine andere erfolgte bei diesen Kindern nur dann, wenn Ausgangs- und Ersatzhandlung nahezu identisch waren. Beispiel: Die Handlung, ein Tier zu malen, ließ sich am besten durch das Handlungsangebot, noch einmal ein Tier zu malen, ersetzen, oder die Handlung, eine Brücke aus Bausteinen zu bauen, ersetzte nur das Angebot, eine andere Brücke aus Bausteinen zu bauen. Aber selbst dann fiel die Tendenz zur Rückkehr auf die unterbrochene Handlung nur auf unbedeutende 86 Prozent.

In diesen Untersuchungsergebnissen sah Lewin eine Bestätigung seiner These, dass es einen engen Zusammenhang zwischen Fantasie (Irrealitätsschicht) und geistiger Entwicklung gibt. Denn das Erkennen eines Ersatzwertes setzt eine ausgeprägte Fantasie und Einbildungskraft voraus.

Kindern, die durch ungünstige soziale oder organische Gegebenheiten zu früh daran gehindert werden, ihre Fantasie zu entwickeln und auszuleben, fehlt eine hinreichende Beweglichkeit, Situationsunabhängigkeit und Offenheit des Denkens. Darin sieht Lewin auch die Ursache für die Besonderheiten der Kinder mit Lernschwierigkeiten im abstrakten Denken: Ihnen gelingt nahezu keine Abgrenzung von der Situation, mit der sie sich als Ganzheit verwoben fühlen.

Die Bedeutung des Wortes »Abstraktion« leitet sich vom lateinischen Wort » »abstrahere« für »abziehen« oder »weglassen« ab. Abstraktion beschreibt in seiner ursprünglichen Bedeutung den Vorgang des Absehens von Einzelheiten.

Besonders schwer fällt ihnen die Verallgemeinerung, wenn sie ein Absehen erfordert, das von der gegenwärtigen Situation ablenkt. Da diese Abstraktion von der gegebenen Situation Fantasie erfordert, zählt Lewin zu den wesentlichsten Charakterzügen von Kindern mit Lernschwierigkeiten den Mangel an Fantasie.

Das bedeutet jedoch nicht, dass Lewin ihnen jegliches Vorstellungsvermögen absprechen würde. Diese Kinder besaßen seinen Untersuchungen zufolge oft ein ausgeprägtes Gedächtnis für konkrete Fakten.

Um ganz sicher zu sein, dass tatsächlich ein Mangel an Fantasie bei den Kindern mit Lernschwierigkeiten vorliegt, untersuchte sie Lewin zusätzlich mit dem »Tintenkleckstest« des Schweizer Psychiaters Hermann Rorschach (1884–1922). In diesem Experiment sollen Testpersonen raten, was speziell aufbereitete Tintenklecksmuster darstellen könnten.

Lewin ist es meiner Ansicht nach mit seinen Untersuchungen gelungen, einen leider oft übersehenen Zusammenhang zu verdeutlichen: den Zusammenhang zwischen freiem Spiel und der Entwicklung der Fantasie. Wie leicht geraten wir Erwachsenen – beeindruckt von der sprichwörtlichen kindlichen Fantasie – wie Fröbel ins romantische Schwärmen. Dabei übersehen wir jedoch viel zu leicht, wie mühsam Kinder sich die Lösung von den Aufforderungscharakteren im Hier und Jetzt erkämpfen müssen. Fantasie und Abstraktionsvermögen sind im entwicklungsfördernden Spiel zwei Seiten einer Medaille. Kein Wunder also, dass es Kindern mit ihrem Spiel ernst ist.

Doch was bedeutet das nun praktisch? Genügt es, Kinder einfach nur ihrem freien Spiel zu überlassen, damit es automatisch mit ihrer geistigen Entwicklung klappt? Das wäre natürlich zu einfach. Lewin hätte einen solchen Laissez-faire-Stil der Erziehung genauso abgelehnt wie einen autoritären Erziehungsstil. Er plädierte für einen demokratischen Erziehungsstil, der die Fantasie schult, da er immer wieder verlangt, in der Fantasie die Perspektive anderer Personen einzunehmen.[71]

‣ Zusammenfassung

Dinge mit Aufforderungscharakter strukturieren unseren Lebensraum im Hier und Jetzt, indem sie Handlungstendenzen beeinflussen. Es kostet Kraft, ungewollte Handlungstendenzen zu unterdrücken. Spiel fördert die Ersetzbarkeit einer Handlung durch Ersatzhandlungen. Ersatzhandlungen sind Ausdruck der Beweglichkeit der Fantasie, die wiederum über den Grad der Abstraktionsfähigkeit eines Kindes entscheidet.

‣ Reflexion

Welche Dinge in Ihrer unmittelbaren Umgebung lösen bei Ihnen Handlungstendenzen aus? Wie gelingt es Ihnen, solche Tendenzen zu unterdrücken? Welchen Handlungen wenden Sie sich unwillkürlich wieder zu, wenn Sie dabei unterbrochen wurden, und welchen Handlungen eher nicht? Wie fühlt sich die Tendenz zur Rückkehr an, bevor Sie zu einer solchen Handlung zurückkehren?

‣ Beobachtung

Welche Dinge lösen bei Kindern Handlungstendenzen aus? Wie reagieren Erwachsene auf unerwünschte Handlungstendenzen bei Kindern? Zu welchen Handlungen kehren Kinder unwillkürlich zurück, wenn sie dabei unterbrochen wurden?

Für Fröbels romantische Idee, dass Spiel eine wichtige Funktion bei der Aktivierung der Eigentätigkeit von Kindern besitzt, haben wir nun einige gewichtige Argumente gesammelt: Von Skinner haben wir gelernt, dass kurzfristige Rückmeldungen eine wesentliche Bedingung für den Spaßfaktor und das Lernen beim Spiel sind.

Bei Vorschulkindern resultiert die besonders starke intrinsische Motivation des Spiels, sein Selbstzweckcharakter, aus dem besonders hohen Energiebedarf ihrer Gehirne. Montessori untersuchte diese intrinsische Motivation der Kinder bei der Polarisation der Aufmerksamkeit. Lewin bestätigt Montessoris Untersuchung in seinen Experimenten zum Aufforderungscharakter der Dinge.

Die Unterwanderung der intrinsischen Motivation durch kleinschrittige didaktische Rückmeldung kann sich nicht nur als Spaßbremse erweisen, sondern auch Abhängigkeit fördern. Als Vitamin gegen den didaktischen Zeigefinger haben wir mit Montessori die vorbereitete Umgebung kennengelernt, die eine freie Wahl der Beschäftigung zulässt. Die Rückkoppelung geht vom Material selbst aus und nicht von den Erziehenden.

Lewins Experimente zeigen, dass auch die Befreiung vom unwiderstehlichen Aufforderungscharakter der Dinge ein intrinsisches Motiv des Spiels werden kann. Mit wachsendem Anspruchsniveau lernen Vorschulkinder, von materialen und inhaltlichen Gegebenheiten zu abstrahieren. Ihnen ist es zunehmend gleichgültiger, ob sie nun ein Schiff zeichnen oder modellieren, ein Tier darstellen oder es malen, eine Brücke aus Bausteinen bauen oder ein Haus aus Pappe. Hauptsache ist die Anregung ihrer Fantasie, das Sammeln von Erfahrungen bei der Umsetzung von Ideen.

Die wachsende Fantasie flexibilisiert das Verhalten der Kinder, ihre Haltung wird theoretischer und ihre Sicht auf die Dinge abstrakter. Es ist wie beim Übergang von der Arithmetik zur Algebra. Abstrakte Variablen befreien das Denken von den konkreten Zahlen. So ersetzen Kinder konkrete Wahrnehmungen zunehmend spielerisch durch abstrakte Ideen. Sie lernen, hinter die Kulissen zu schauen, indem sie sich Zusammenhänge erschließen, die sich hinter dem Wahrgenommenen verbergen. Ihre wachsende Fantasie hilft ihnen, sich aus der engen Umklammerung des Hier und Jetzt zu befreien. Der raumzeitliche Horizont des Denkens weitet sich aus. Klein-Günther lernt, sich selbst in der Fantasie aus der Vogelperspektive zu betrachten.

Lewin lässt jedoch viele Fragen offen. Zwei davon sind: In welchen Phasen entwickelt sich die Abstraktionsfähigkeit im Spiel? – Wie können Erziehende diese Entwicklung unterstützen? Die Beantwortung dieser Fragen ist Gegenstand des zweiten Teils. Untersuchungen, die Lewins Experimente aufgegriffen und weiterentwickelt haben, werden uns dabei weiterhelfen. Sie führen uns unter anderem von Berlin nach Moskau – zu dem russischen Psychologen Lew Wygotski (1896–1934). Die aktuelle amerikanische Frühpädagogik ist in Fragen der Förderung der kognitiven Entwicklung von Kleinkindern vor allem von seinem pädagogischen Ansatz inspiriert. Er verlangt zwar einen höheren Einsatz von den Erziehenden als die Montessori-Pädagogik, wertet aber deren Rolle immens auf.

Für die Frage nach den Entwicklungsphasen wird uns unsere Bildungsreise jedoch zunächst nach Genf führen, zu dem Schweizer Entwicklungspsychologen Jean Piaget (1896–1980). Mit mehr als 30 Ehrendoktorwürden ist er der einflussreichste Theoretiker auf dem Gebiet der frühkindlichen Entwicklung.

Im ersten Teil ging es darum, die Triebkräfte und den Sinn des Spiels aufzudecken. Ersteres fanden wir in den energetischen Bedürfnissen des zentralen Nervensystems, die bei Vorschulkindern besonders ausgeprägt sind; Letzteres in der Entwicklung der Fantasie und der damit verbundenen Abstraktionsfähigkeit. Der zweite Teil soll die These, dass sich im Spiel die nächste Entwicklungsstufe zeigt, entwickeln und begründen.

Teil II: Spiel zeigt die nächste Entwicklungsstufe

Ich-zentrierte Kinder
Die Balance zwischen Wunsch und Erfahrung

Egozentrismus

Drei- bis Fünfjährige reden in Gemeinschaft irgendwie anders als Erwachsene, stellte Jean Piaget verwundert fest. Oft scheren sie sich nicht die Bohne darum, ob ihnen jemand antwortet oder überhaupt zuhört. Die Sätze sind dann so verstümmelt, dass sie ohne den Kontext der Handlung unverständlich bleiben.

Dafür führte Piaget viele konkrete Beobachtungen an. So ließ er beispielsweise einen Monat lang seine Mitarbeiterinnen in einer Vorschule penibel notieren, was sechsjährige Kinder in welchem Zusammenhang sagten. In den Protokollen bezeichneten sie die einzelnen Kinder mit Kürzeln: Pie, Ez, Bea, He und Lev. Im folgenden Abschnitt (einem kleinen Ausschnitt aus einem Protokoll) habe ich für die Kürzel folgende Namen eingesetzt: Pierre, Henri, Beatrice, Enzo und Lev.

Im Fokus der Beobachtung steht Pierre. Er malt gemeinsam mit seinem besten Freund Enzo am selben Tisch. Die beiden gelten als unzertrennlich. Während des Zeichnens entsteht so etwas wie ein kollektiver Monolog:

Pierre sagt zu Enzo, der gerade einen Straßenbahnwagen mit Anhänger zeichnet: »Die Wagen, die dranhängen, haben doch keine Fähnchen!« Da Enzo ihm nicht antwortet, spricht er nun einfach von seiner Straßenbahn: »Sie haben keine Wagen angehängt.« Dabei wendet er sich an niemanden und er erhält auf seine Mitteilung auch keine Antwort.

Jetzt wendet sich Pierre an Beatrice mit den Worten: »Das ist eine Bahn, die hat keine Anhänger.« Aber auch Beatrice würdigt ihn keiner Antwort. Zu Henri gewandt, verkündet er: »Diese Bahn, die hat keine Anhänger. Henri, verstehst du, die ist rot, verstehst du?« Wieder erhält er keine Antwort.

Kurz darauf hört Pierre aus einiger Entfernung, wie Lev ausruft: »Ein komischer Mann!« Zwar wendet sich Lev weder an Pierre noch an sonst jemanden, trotzdem wiederholt Pierre: »Ein komischer Mann!«, während er weiter an seiner Bahn malt. Dann verkündet er: »Die Bahn lasse ich weiß!«[1]

Diese Art des kollektiven Monologes ist Piaget zufolge vor allem bei Drei- bis Fünfjährigen, aber auch noch bei Sechsjährigen (wie im Beispiel) anzutreffen. Besonders häufig beobachtete Piaget das egozentrische Sprechen, wenn die Kinder spielten. Bei älteren Kindern scheint der Egozentrismus dann mit der Zeit nahezu völlig zu verschwinden.

Aus den gesamten Protokollen dividierte Piaget die Anzahl egozentrischer Äußerungen (Wiederholungen und Monologe) durch die Gesamtzahl aller spontanen Äußerungen, zu denen neben egozentrischen Äußerungen auch sozialisierte Äußerungen (Fragen, Befehle, Kritik usw.) gehörten. Für Pierre ergab das beispielsweise einen Egozentrismus-Koeffizienten von 0,43 und für Lev von 0,47.[2]

Mit zunehmendem Alter der Kinder sinkt der durchschnittliche Egozentrismus-Koeffizient. Er beträgt 0,51 bei Dreijährigen, 0,48 bei Vierjährigen, 0,46 bei Fünfjährigen, 0,45 bei Sechsjährigen (wie Pierre und Lev) und schließlich 0,28 bei Siebenjährigen.[3]

Piaget wählte für den kollektiven Monolog erst einmal die nächstliegende Erklärung: Das egozentrische Sprechen ist Ausdruck des noch unentwickelten Denkens der Vorschulkinder, das hauptsächlich von Träumerei und Halluzination bestimmt ist. Dieses Denken ist nur auf Bedürfnisbefriedigung und Lustgewinn ausgerichtet. Später löst diese Phase ein realistischeres Denken ab, das sich dann auch in einer sozialeren Sprache ausdrückt.

Piagets Erklärung passte sehr gut zur damals populären Psychoanalyse Sigmund Freuds (1856–1939). Man sah in Kindern Wesen, die anfänglich allein nach dem Lustprinzip handeln. Dem Realitätsprinzip ordnen sich Kinder – dieser Theorie zufolge – erst später unter. Der Begriff dafür ist Sozialisierung.

Als gemeinsames Merkmal des symbolischen Spiels und des kollektiven Monologs arbeitete Piaget die egozentrische Assimilation heraus.[4] Als Biologe hatte er den Begriff »Assimilation« aus dem Stoff- und Energiewechsel von Lebewesen auf geistige Prozesse übertragen. Dies erinnert sehr an Montessoris Begriff des absorbierenden Geistes. Sie bemerkt: »Die Entdeckung, dass der Geist des Kindes fähig ist zu absorbieren, hat eine Revolution im Bereich der Erziehung hervorgerufen.«[5]

Beim Stoffwechsel bedeutet Assimilation (von lat. »assimilatio« = »Angleichung«, »Eingliederung«), dass aufgenommene, körperfremde Stoffe unter Energiezufuhr schrittweise in körpereigene Verbindungen umgewandelt werden. Für Piaget ist Spiel Assimilation der Umwelt in die Welt der Wünsche und Bedürfnisse des Kindes: »Das Spiel ist so fast reine Assimilation, d.h. es ist Denken, das ausgerichtet ist durch das vorherrschende Bedürfnis nach individueller Bedürfnisbefriedigung.«[6]

> »So braucht in der Tat ein Organ Nahrung, um zu wachsen«, erklärt Piaget, »und der Bedarf an Nahrung wird durch das Ausmaß an Betätigung des Organs bestimmt; ebenso muss jede geistige Tätigkeit, von den elementareren bis zu den höheren Verhaltensweisen, beständig durch äußere Zufuhr (die aber nur funktionell und nicht mehr materiell ist) genährt werden, damit sie sich entwickeln kann.«[7]

Piaget selbst hatte sich schon als Kind für Biologie interessiert: Als Elfjähriger veröffentlichte er einen Aufsatz über seine Beobachtungen eines Albino-Sperlings im Park und mit sechzehn Jahren einen Fachartikel über Weichtiere. Seinen ersten Doktortitel erwarb er im Alter von 22 Jahren für eine Untersuchung zur Verbreitung von Weichtieren (Mollusken) in den Schweizer Alpen. Kurz: Piaget war schon in früher Jugend ein Überflieger und sein Einfluss auf die Wissenschaft nahm kontinuierlich (auch noch nach seinem Tode) ständig zu.

Piaget war anfänglich Mitarbeiter Alfred Binets (1857–1911) in Paris. Dieser hatte gemeinsam mit Théodore Simon (1873–1961) den ersten Intelligenztest für Kinder erfunden. Gelangweilt von den standardisierten Testfragen begann Piaget, sich für das hinter den Antworten verborgene Denken von Vorschulkindern zu interessieren. So wurde aus dem Biologen ein Psychologe. Zurückgekehrt in die Schweiz, erhielt der inzwischen 25-Jährige die günstige Gelegenheit, am institutseigenen Kindergarten des Jean-Jacques-Rousseau-Instituts in Genf systematisch Vier- bis Sechsjährige zu beobachten und zu befragen.

Auf zeitgenössischen Fotos strahlt uns Piaget noch heute mit einem leicht ironischen Lächeln und fröhlichem Blinzeln durch seine runde Hornbrille an. Oft ziert ihn eine altväterliche Tabakspfeife, die er feierlich in der Hand hält oder lässig im Mundwinkel wippen lässt.

Piaget begründete die Denktradition des Konstruktivismus. Im Mittelpunkt dieser Tradition steht die Frage: Wie konstruieren wir unser Weltbild im Kopf? Eine schöne Illustration des Konstruktivismus gibt René Magrittes (1898–1967) surrealistisches Gemälde *Dies ist keine Pfeife* (Ceci n'est pas une pipe). Der Maler wollte mit seinem fotorealistischen Gemälde einer Bruyèreholz-Pfeife zeigen, dass man ein Bild nicht mit einer Sache verwechseln sollte. Die Beschriftung des Gemäldes *Dies ist eine Pfeife* wäre schließlich eine Lüge gewesen. Man fühlt sich ertappt! Unwillkürlich und unbewusst hat man längst (bevor man den Satz lesen konnte) das Bild aus Ölfarbe in ein Schema assimiliert: in die greifbare Erfahrung mit ähnlichen dreidimensionalen, aus Bruyèreholz geschnitzten Objekten, deren visuellen Eindruck das Bild imitiert.

Komplett ist mein typisches Piagetbild allerdings erst, wenn dieser seine charakteristische Baskenmütze trägt. Diese Mütze schob er sich meist verwegen in den Nacken – fast wie ein Rapper seine Baseballkappe mit nach hinten gerichtetem Schirm. Irgendwie erinnern mich viele Piaget-Porträts an einen Peter Ustinov mit Che-Guevara-Mütze. Aber dieser Vergleich ist natürlich nichts weiter als reine Assimilation.

Entwicklungsstufen als Äquilibration

Piaget beobachtete also besonders in der Situation des freien Spiels, dass die Sprache phasenweise nur eine Art Begleitmelodie darstellt. Sie ist mit dem Spiel genauso fest verbunden wie ein charakteristischer Soundtrack mit einem Kinofilm oder eine typische Anfangsmelodie mit einer Fernsehserie. Die egozentrische Sprache der monologisierenden Vorschulkinder war für ihn ein wichtiges Indiz, dass Spiel vor allem eine verallgemeinernde Assimilation ist, in der die Wirklichkeit den Wünschen angepasst wird. Die Kinder geben sich traumwandlerisch ihrem biologisch angeborenen Lustprinzip hin, weil sie als Individuen noch zu wenig sozialisiert sind.

Die Experimente des amerikanischen Neurophysiologen John Cunningham Lilly (1915–2001) in den 1950ern zeigen, dass reine Assimilation (im Sinne einer einseitigen Anpassung der Umwelt an den Organismus) tatsächlich zu einer Verselbstständigung von Halluzinationen und Traumbildern führt: In einem sogenannten Isolationstank liegen Menschen abgeschirmt von Licht und Geräuschen aller Art in konzentriertem Salzwasser. Die Temperatur von 34,5 Grad Celsius entspricht in etwa der Hautaußentemperatur. Die Dichte des Wassers, angereichert mit Magnesiumsulfat, ist so weit erhöht, dass die Menschen in dieser Salzlösung schweben. Anfangs schwindet das Gefühl für die eigene Körpergrenze und die meditative Ruhe wird als angenehm empfunden. Nach einiger Zeit treten jedoch Halluzinationen auf, die allmählich immer beängstigendere und realistischere Formen annehmen.[8]

Für Piaget ist die Assimilation aber nur die eine Seite der Medaille. Die andere Seite der geistigen Entwicklung bildet die Akkommodation (*accom-*

modation und *adaptation* sind französische Bezeichnungen für Anpassung). Piaget meint mit Akkommodation die Anpassung der Vorstellungswelt an die Erfordernisse der Wirklichkeit: die Überprüfung, ob Gesprächspartner einem wirklich zuhören und ob ein Objekt tatsächlich zweckgemäß oder doch bloß zweckentfremdet verwendet wird.

Bis hierher gibt es eigentlich keinen wesentlichen Unterschied zu der Theorie Lewins. Man könnte Piagets Assimilation durchaus mit Lewins Irrealitätsebene und Piagets Akkommodation mit Lewins Realitätsebene vergleichen.

Für Lewin war jedoch die geistige Entwicklung eher so etwas wie eine kontinuierlich breiter werdende Landstraße. Mit zunehmendem Alter weiten sich der geistige Lebensraum und der zeitliche Horizont durch zunehmend abstrakteres, verallgemeinerndes und theoretischeres Denken aus. Piagets Modell ist dagegen ein Stufenmodell. Ihm zufolge verläuft die Entwicklung in Richtung Abstraktion und Theorie nicht kontinuierlich, sondern in Sprüngen.

Einem Entwicklungssprung liegt immer die Bildung eines neuen Gleichgewichts (Äquilibration) zwischen Assimilation und Akkommodation zugrunde.[9] Die Stufen kennzeichnen eine zunehmend bewusstere Art, das eigene Verhalten zu steuern:

Reagieren die Kleinkinder in der ersten Stufe noch unmittelbar auf den Aufforderungscharakter der Dinge, sind es in der nächsten Stufe schon ihre Vorstellungen, die ihr Verhalten steuern. In einer dritten Phase beruht das Verhalten der Grundschulkinder schon eher auf Nachdenken. Die Gedanken sind jedoch noch sehr der Anschauung verhaftet. Das logische Denken entwickelt sich erst in einer vierten Phase.

Was die Breiten- und Längengrade bei der Vermessung der Erde leisteten, entspricht in etwa dem, was Piagets Stufenmodell für die Kartierung der kindlichen Denkentwicklung leistet. Hauptmeridian bildet folgende Grobgliederung:

1. die sensomotorische Stufe (von der Geburt bis zirka zwei Jahre),
2. die präoperationale Stufe (ungefähr vom zweiten bis zum siebenten Lebensjahr),
3. die Stufe der konkreten Operationen (zirka siebtes bis zwölftes Lebensjahr) und
4. die Stufe der formalen Operationen (etwa ab dem zwölften Lebensjahr).

Ist es ein Zufall, dass Piagets Entwicklungsstufen an Montessoris vier sensible Phasen erinnern? Entscheiden Sie selbst!

1. absorbierender Geist (ca. null bis drei Jahre): Sensibilität für Ordnung, Bewegung und Sprache,
2. bewusstes »Arbeiten« (ca. drei bis sechs Jahre): Sensibilität für Bewusstseinsentwicklung, soziales Zusammenleben und die Vervollkommnung bereits gemachter Errungenschaften,
3. systematische Eroberung der Welt (ca. sechs bis zwölf Jahre): Sensibilität für neue soziale Beziehungen, die Entwicklung eines moralischen Bewusstseins und Abstraktionen,
4. Jugend- bzw. Pubertätsalter (ca. zwölf bis achtzehn Jahre): Sensibilität für Gerechtigkeit und Menschenwürde, soziale und gesellschaftliche Prozesse, wissenschaftliche Erkenntnisse sowie politische Verantwortung.

Ein wesentlicher Unterschied lässt sich jedoch nicht bestreiten: Während Montessori nur Perioden erhöhter Lernbereitschaft für gewisse Themenbereiche konstatierte, wollte Piaget die inneren Konflikte zwischen Wunschdenken und Anpassung nachzeichnen. Er kartierte nahezu minutiös, wie Kinder Schritt für Schritt zur Konstruktion eines immer präziseren Weltbildes aus abstrakten Vorstellungen gelangen.

So unterteilte er die sensomotorische Phase in bestimmte Stadien:
I. (0–1 Monat) Betätigung und Übung der Reflexe,
II. (1–4 Monate) erstes erworbenes Anpassungsverhalten,
III. (4–8 Monate) Aufrechterhaltung interessanter Erscheinungen,
IV. (8–12 Monate) Koordination der sekundären Verhaltensschemata und ihre Anwendung auf neue Situationen,
V. (12–18 Monate) die Entdeckung neuer Mittel durch Ausprobieren und
VI. (18–24 Monate) das Erfinden neuer Mittel durch geistige Kombination.

Diese Stadien lassen sich in Perioden des Auftretens bestimmter, sich selbst verstärkender Kreisreaktionen zusammenfassen: primäre (I–II), sekundäre (II–IV) und tertiäre (V–VI) Zirkulärreaktionen.[10] Weltweit nutzen Fachleute der Entwicklungspsychologie und Erziehungswissenschaft diese praktische Phaseneinteilung zur Verständigung, selbst dann, wenn sie Zweifel an Piagets theoretischen Überlegungen und experimentellen Befunden haben. Will man sich also mit der Denkentwicklung von Kindern beschäftigen, kommt man nicht an Piaget vorbei.

Seine Frau lernte Piaget als Studentin des Jean-Jacques-Rousseau-Instituts in Genf kennen. Mit ihr hatte er drei Kinder: Jacqueline, Lucienne und Laurent. Sie wurden zu ihren »Versuchskaninchen«. Jede Regung der Säuglinge wurde aufmerksam beobachtet und akribisch notiert.

Die amerikanische Entwicklungspsychologin Gopnik schreibt: »Wenn wir Piagets Tagebücher gelesen haben, kennen wir die Babyzeit von Jacqueline, Lucienne und Laurent genauer als die unserer eigenen Kinder. (Es war ausgesprochen unheimlich, als wir die drei, inzwischen freundliche Leute im Alter unserer Eltern, 1996 auf der Feier zu Piagets 100. Geburtstag trafen.)«[11]

Spiel als Assimilation

Ähnlich wie Montessori spricht Piaget dem Spiel selbst jegliche Ernsthaftigkeit ab. Fragt man, woran Piaget eigentlich festmacht, ob es sich bei einer Aktivität um Spiel handelt, ist die Antwort: am Lächeln und am Vergnügen des Kindes.

»Das Spiel […] stellt ein Nachlassen der Anpassungsanstrengung dar und ist ein Ausüben oder ein Einüben dieser Aktivitäten nur aus dem Vergnügen heraus, sie zu beherrschen und aus ihnen ein Gefühl der Virtuosität und der Kraft zu schöpfen.«[12]

Die Ernsthaftigkeit verband er mit der Nachahmung, die er als eigenständige Operation dem Spiel gegenüberstellte. Durch die Nachahmung dessen, was es in seiner Umgebung sieht und hört, passt sich das Baby sensomotorisch an seine Umwelt an. Dann wieder spielt es vergnügt mit den Objekten nach seinem Geschmack und assimiliert sie in seine eigene Erfahrungswelt. Später ahmt es dann auch Manieren und Gesten der Erwachsenen nach und passt sich so an die Erwartungen seiner Umgebung an.

Allerdings räumte Piaget ein, dass beide Operationen, Spiel und Nachahmung, in der späteren Entwicklung – und zwar auf dem Niveau der Vorstellung – miteinander verschmelzen. Der Grund für die Trennung von Spiel und Nachahmung ist folgender: Im Spiel sah Piaget eine geheimnisvolle Brückenfunktion zwischen sensomotorischer Erfahrung und symbolischem Denken.

Zu klären blieb für ihn nun nur noch: Wie schließen Kinder die Lücke zwischen Sensomotorik und Symbolik? Wie verläuft der Übergang von Kreisreaktionen aus Wahrnehmung und Bewegung zu abstrakten Vorstellungen? Wie entsteht aus zirkulären Rückmeldungen eine zunehmend bewusstere und begrifflich sortiertere Innenwelt?

Der spielerische oder ludische Symbolismus (lat. »ludus« für »spielerisch«, »verspielt«) schien ihm zur Klärung dieser Fragen der ideale Forschungsgegenstand zu sein. Sie erinnern sich: die mit Kreide gezeichnete Linie als unüberwindbare Mauer, der Ast als Laserschwert, die Sandform als Speise, der Blumenkranz als Krone und der Stein als Unterseeboot. Die symbolische Darstellung im Fantasiespiel ermöglicht Operationen mit nicht-existenten Objekten (zum Beispiel: mit Feenstaub oder Superhelden-Overalls) sowie mit Objekten, die Kindern nicht unmittelbar verfügbar sind (zum Beispiel: mit einem Raumschiff, einem Zoo oder einer Plätzchenbäckerei).

Die Abstraktionsleistung der Kinder im Fantasiespiel haben wir schon mit Lewin gewürdigt. Doch Piaget ging es hier nicht nur um die Ob-Frage »Fördert das Fantasiespiel die Abstraktion?«, sondern um die Wie-Frage »Wie entwickelt sich das abstrakte Verständnis über den Umweg des symbolischen Denkens im Fantasiespiel?«.

Piaget entwickelte die interessante Hypothese, dass das symbolische Spiel eine Voraussetzung für die Entwicklung der Sprache ist: Nach der sensomotorischen Erfahrung mit Handlungen am Objekt erfolgt eine Wiederbelebung dieser Erfahrung im Fantasiespiel und erst dann die Verbindung der symbolischen Vorstellung mit dem gesprochenen Wort oder Satz. Im Klartext: Kinder sind mit dem Zug gereist, später spielen sie das Erlebnis nach und dann erst lernen sie, es sprachlich korrekt zu benennen. Zuerst kommt das Begreifen mit den Händen, dann die symbolische Nachahmung und dann das Begreifen des Gesprochenen. Piaget spricht auch von einer »symbolisch-vorbegrifflichen« Entwicklungsphase, die dem anschaulichen Denken vorausgeht.

Das Dumme ist nur, Sprache und symbolisches Spiel treten bei Kindern in der Regel parallel auf. Könnte Piaget hier nicht einem Henne-Ei-Phänomen auf den Leim gegangen sein? Er argumentiert wie folgt: Wenn das symbolische Spiel nahezu reine Assimilation ist, dann muss es dazu einen Ausgleich geben. Dieser Ausgleich müsste im Gegensatz zur Assimilation im symbolischen Spiel eine nahezu reine Form der Akkommodation sein.

Diese Reinform der Akkommodation als Ausgleich fand Piaget in der Imitation, der Neigung der Kinder, alles in ihrer Umgebung nachzuahmen. In der Nachahmung sieht Piaget die Fortführung der Akkommodation von sensomotorischen Kreisreaktionen an Objekterfahrungen. Bei der Akkommodation ist jedoch Schluss mit lustig. Anstrengung und Ernsthaftigkeit übernehmen das Zepter.

Piagets Entgegensetzung von Lust und Anstrengung ist aus neurobiologischer Sicht heute nicht mehr haltbar. Gregory Berns, Neurowissenschaftler an der Emory University School of Medicine in Atlanta, erklärt dies anhand des Zusammenwirkens zweier scheinbar gegensätzlicher Botenstoffe im Gehirn: dem Stresshormon Cortisol und dem Glückshormon Dopamin.

Cortisol fördert in Stresssituationen beispielsweise den Abbau von Eiweiß, die Neuproduktion von Zucker und beeinflusst den Salz- und Wasserhaushalt. Es wirkt entzündungshemmend und erhöht den Blutzucker-Spiegel im Blut.

Dopamin ist eigentlich kein Hormon, sondern ein wichtiger Neurotransmitter, für den der Nucleus accumbens (ein Teil des Striatums) viele Rezeptoren besitzt. Sie sind für das Glücksgefühl verantwortlich, wenn wir uns über eine erbrachte Leistung freuen. Wir hatten dieses Lustzentrum (Nucleus accumbens) im Gehirn schon im Zusammenhang mit Spielsucht sowie Versuchen an Ratten erwähnt, die in einer Skinnerbox über Tastendruck suchtartig immer wieder eine kurze Stimulation dieses Zentrums bewirkten.

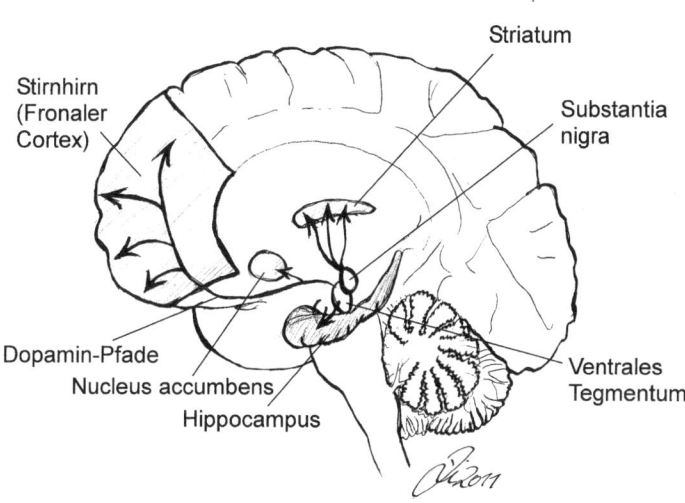

Berns beschreibt den derzeitigen Stand der Forschung wie folgt:

> »Jeder Stressfaktor, insbesondere jeder körperliche Stressfaktor sorgt dafür, dass Cortisol ausgeschüttet wird. Die biochemische Interaktion zwischen Cortisol und Dopamin im Striatum legt die Vermutung nahe, dass diese beiden Stoffe in engem Zusammenhang mit unserem Gefühl der Befriedigung, vielleicht sogar einer transzendenten Erfahrung stehen. Keiner kann jedoch für sich den Zustand der Befriedigung herstellen. Dopamin erzeugt eher ein Gefühl transzendenter Euphorie, und wir benötigen zusätzlich Cortisol, um dieses angenehme Gefühl tiefer Befriedigung erleben zu können. Und weil Cortisol vor allem in Belastungssituationen ausgeschüttet wird, führt der Weg zu echter Befriedigung über Mühen und Anstrengungen.«[13]

Für ihren Spaß am Spiel benötigen Kinder also auch Anstrengung. Ernst und Spiel schließen sich eben nicht gegenseitig aus, wie Montessori und Piaget noch glaubten, sondern sie bedingen einander. Dies spricht für Ernstspiel im Zusammenhang mit William Sterns Beobachtung der großen Ernsthaftigkeit beim Spiel, die schon Kleinkinder zeigen. Im nächsten Kapitel werden wir diesen Zusammenhang weiter verfolgen.

Nachahmung als Akkommodation

In seinem Buch *Empathie und Spiegelneurone* berichtet Giacomo Rizzolatti (*1937), wie er in den 1980er und 1990er Jahren zusammen mit seinem Forschungsteam an der Universität in Parma (Italien) Elektroden in das Frontalhirn von Makaken (Meerkatzen) einführte. Ziel seiner Untersuchung waren Nerven, die bei Greifbewegungen Impulse an die Hand weitergeben. Bei diesen Untersuchungen überraschte ihn folgende Beobachtung: Bestimmte Nerven im Stirnhirn (prämotorischer Kortex) des Affen feuerten, obwohl er gar keine Greifbewegung ausführte. Die Ursache war schnell geklärt: Der Affe hatte die Greifbewegung eines Menschen beobachtet. Unter dem Namen »Spiegelneuronen« erlangte diese Art von Nerven weltweite Berühmtheit.

Spiegelneuronen werden zum Beispiel besonders beim Betrachten von Filmsequenzen aktiv, wenn eine Intention zu erraten ist. Das Ergreifen einer Tasse mit der Absicht, daraus zu trinken, löst sowohl bei Affen als bei Menschen deutlich mehr Erregung aus als die Absicht, den Tisch abzuräumen. Rizzolatti argumentiert:

> »Hätten diese Neurone nicht Spiegeleigenschaften gehabt, wäre der Affe nicht in der Lage gewesen, unmittelbar die Intention zu erfassen, die jene Melodien beseelte, als sie von anderen ausgeführt wurden, und sich schon beim Anblick der ersten Bewegungen nicht so sehr die eventuellen Teilergebnisse (zum Beispiel das Ergreifen des Futters mit der Hand) vorzustellen, sondern die Gesamtergebnisse (das Zum-Mund-Führen oder das Weglegen).«[14]

Auch im menschlichen Stirnhirn gibt es Spiegelneuronen im prämotorischen Kortex, die sich von beobachteten Bewegungsmelodien anderer Personen anstecken lassen, als wären es eigene Bewegungen. Auch unser Sprechzentrum (Broca) gehört zum prämotorischen Kortex. Schließlich ist Sprechen ja auch eine motorische Handlung, die neben ihrer akustischen auch eine

Bewegungsmelodie besitzt. Diese Sprechfähigkeit charakterisiert Rizzolatti zufolge uns Menschen in besonderem Maße:

> »Das Nachahmungstalent der Tieraffen ist dürftig. Selbst das der Menschenaffen hat seine Grenzen. Erst beim Menschen gewinnt es enorme Bedeutung. Dank dessen erwerben wir viele kulturell geprägte Fertigkeiten, auch Sprache.«[15]

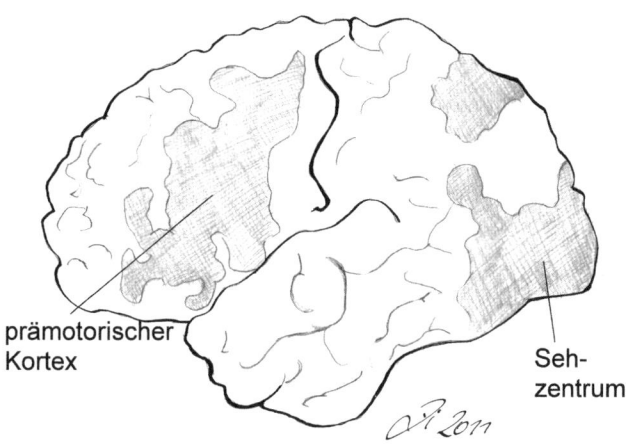

Piagets Sohn Laurent zeigte schon ganz früh eine Vorform der motorischen Ansteckung: Schon in der Nacht nach seiner Geburt stimmte Laurent in den Chor des Babygeschreis ein, wenn ihn das Geschrei der Säuglinge in den Nachbarbettchen aufweckte.

Piaget berichtet, wie er Laurents Quengeln spielerisch nachahmte. Darauf begann dieser, heftig loszuschreien. Wenn Piaget jedoch pfiff oder andere Geräusche von sich gab, löste das bei seinem wenige Tage alten Sohn keine Reaktionen aus.[16]

Piaget sieht darin noch keine Nachahmung, sondern eher einen Pawlow'schen Reflex, der nach der Skinnermethode verstärkt werden kann (ähnlich wie der Saugreflex). Damit erklärt er, warum Laurent auf Pfeifen oder andere Geräusche nicht reagierte. Das Geschrei der anderen Babys konnte er ja noch nicht von seinem eigenen unterscheiden.

Im zweiten Stadium differenzieren sich die Kreisreaktionen weiter aus, zum Beispiel in Geschrei und Lallen. Im Alter von einem Monat reagierte Laurent auf Piagets nachgeahmtes Quengeln kurz vor dem Übergang zum Weinen erst mit erstauntem Innehalten und dann mit erneutem Quengeln. Bald begann Laurent selbst Laute wie »eu« spontan auszurufen.[17]

Im dritten Stadium, etwa ab dem zweiten Monat, entwickelt sich die vokale Ansteckung, aus der nach Piaget die lautliche Nachahmung hervorgeht. Erst lernt das Baby, überhaupt irgendwie auf eine fremde Stimme zu reagieren, und dann, diese vage zu imitieren. Erst etwa mit sechs Monaten gelingt ihm die präzise und systematische Nachahmung von Lauten, die es schon einmal zufällig selbst produziert hatte.

Im vierten Stadium, mit acht oder neun Monaten, beginnt das Baby, Laute und Gesten nachzuahmen, die ihm neu sind: auf den Bauch klopfen, einen Ball aufheben, Gegenstände unter einem Taschentuch verstecken usw. Es interessiert sich jetzt nicht mehr nur für Aktivitäten, die eine Fortsetzung seiner eigenen sind, sondern reagiert auch auf angebotene Variationen, die den eigenen Kreisreaktionen aber noch sehr ähnlich sein müssen.[18]

Die Fähigkeiten, neue Modelle nachzuahmen und bekannte Muster auf verschiedene Weisen abzuwandeln, bilden das fünfte Stadium der Imitation. Das Kind ist nun etwa eineinhalb Jahre alt und ahmt Erwachsene nach, indem es lernt, »papa« zu lallen, statt »dada« zu plappern, und wie Mama Stifte über das Papier gleiten zu lassen.

Die eigentliche Nachahmung beginnt allerdings erst im sechsten Stadium. Die Kinder beobachten etwas, das sie später nachahmen. Dies ist für Piaget ein Indiz dafür, dass der Vorgang ein geistiges Bild in ihnen hinterlassen hat:

> »Die Beobachtungen geben Zeugnis vom Auftauchen dreier Neuheiten, die in den vorangegangenen Stadien nicht aufgetreten sind: 1. die unmittelbare Nachahmung von komplexen Modellen, 2. die aufgeschobene Nachahmung und 3. die Nachahmung von materiellen Dingen, die zu deren Darstellung dient.«[19]

Piaget berichtet, wie seine kleine Tochter Lucienne schon im Alter von einem Jahr und vier Monaten mit dem Mund das Öffnen einer Streichholzschachtel imitierte. Auf dieser Stufe gibt es deutliche Anzeichen dafür, dass die Kinder über geistige Bilder vergangener Ereignisse und nicht sichtbarer Objekte verfügen. Dieses Ereignis läutet das Ende der sensomotorischen Phase ein – sowie den Beginn der präoperationalen Periode des vorbegrifflich-symbolischen Denkens.

> **Zusammenfassung**

Dem Symbolspiel gehen viele Entwicklungsphasen voraus. Das Spiel entwickelt sich nicht gleichförmig, sondern in bestimmten Stufen. Es ist ein wichtiger Zwischenschritt auf dem Weg zur sprachlich-begrifflichen und später gedanklichen Steuerung des Handelns.

> **Reflexion**

In welchen Situationen lassen Sie sich vom Verhalten anderer Personen anstecken? Wie ändert sich im Kreise eng vertrauter Personen Ihre Sprache, wenn eine fremde Person dazukommt?

> **Beobachtung**

Welche Personen ahmen Kinder bevorzugt nach? Welche Spiele bevorzugen Drei- bis Vierjährige? Welche Spiele bevorzugen dagegen Fünf- bis Sechsjährige?

Sehr treffend – wie ich finde – resümiert die New Yorker Kinderpsychologin Mary Ann Pulaski (1917–1992) die positiven Auswirkungen von Piagets Spieltheorie:

> »Die kognitive Psychologie fängt demnach an, ihre Überzeugung zu erhärten, dass Fantasiespiel oder Tagträume eine höchst wünschenswerte Fähigkeit ist, eng verwandt mit Originalität, Flexibilität und schöpferischer Imagination. Lehrer und Eltern würden offensichtlich gut daran tun, wenn sie Piagets Beispiel folgten und ludisches Spiel, vor allem in den Vorschuljahren, begünstigten.«[20]

Na bitte, Fröbel lässt grüßen. Als Beleg führt Pulaski unter anderem die Untersuchungsergebnisse der Entwicklungspsychologin Nina Liebermann vom Brooklyn College der City University in New York an, dass verspielte Vorschulkinder mehr Originalität des Denkens zeigen als weniger verspielte.[21] Auch Lewins Kritik an Montessori findet also hier eine nachträgliche Bestätigung: Das Fantasiespiel ist eben viel mehr als nur eine Verlegenheitsgeste, denn es fördert in der Tat die Denkentwicklung der Kinder.

Anders als Lewin unterscheidet Piaget in der Evolution des kindlichen Spiels drei Phasen: Übungsspiele, symbolische Spiele und Spiele mit Regeln.

Den Übungsspielen (Kieselsteine werfen, Seilspringen, Perlen auffädeln, Bauklötze aufeinandertürmen – oder aber auch wie Klein-Günther: Türme aus Bauklötzen umwerfen) folgen symbolische Spiele (Sandburgen bauen, sich als Tier verkleiden usw.) und zuletzt Regelspiele (Strichhüpfen, Murmelspiel usw.).

Die Reihenfolge der Spielphasen zeigt für Piaget nun ganz offensichtlich die Richtung an: Die Entwicklung geht von individuellen Übungsspielen in Richtung sozialer Regelspiele. Der Sinn des Spiels ist also der Weg vom Individuellen zum Sozialen, kurz: die Sozialisation.

Der russische Psychologe Lew Wygotski (1896–1934) sah das jedoch genau umgekehrt: Ist ein Kind nicht schon von Geburt an ein durch und durch soziales Wesen? Müsste dann die Entwicklung nicht genau andersherum laufen? Wenn die Entwicklung vom Sozialen zum Individuellen läuft, sollten wir dann nicht bei der Sozialisation auch die Individuation berücksichtigen? Wie Wygotski auf diese Fragen kam, welche Argumente er anführt und welche Folgen das für die Bewertung des Spiels hat, ist Gegenstand des nächsten Kapitels.

Jedenfalls kann ich Ihnen schon an dieser Stelle verraten, was Wygotski an Piaget (trotz höchster Bewunderung seiner wissenschaftlichen Leistungen) kritisiert: Piaget unterschätzt (wie vor ihm auch schon Montessori und Lewin) den unmittelbaren Einfluss der Erwachsenen auf die Kinder. Deshalb hinkt die Entwicklungsförderung meist hinter der Entwicklung der Kinder hinterher. Piaget, der Wygotski gegen Ende der 1950er Jahre gelesen hatte, stimmte vielen seiner kritischen Bemerkungen zu.[22]

Falls Sie genauso wie ich in den letzten beiden Kapiteln schmerzlich eine Pflanzen- oder Gartenmetapher vermisst haben sollten, dann kommen Sie hoffentlich mit dem folgenden Wygotski-Zitat (mit kritischem Seitenblick auf Piaget) auf Ihre Kosten:

»Eine echte Diagnose der Entwicklung muss nicht nur die abgeschlossenen Entwicklungszyklen erfassen, nicht nur die Früchte, sondern auch die sich im Reifungsstadium befindlichen Prozesse. Ähnlich, wie der Gärtner irrt, der die Qualität der Ernte nur nach der Anzahl der gereiften Früchte beurteilt und den Zustand der Bäume unberücksichtigt lässt, die noch keine reifen Früchte tragen, ähnlich vermag ein Psychologe, der sich allein auf die Bestimmung dessen beschränkt, was ausgereift ist, während er das im Reifeprozess Befindliche außer Acht lässt, niemals eine einigermaßen wahrheitsgemäße und vollständige Vorstellung vom inneren Zustand der Gesamtentwicklung zu erhalten.«[23]

An sich, für andere, für mich
Die Zone der nächsten Entwicklung

Warum Kinder gar nicht so egozentrisch sind

Ein fünfeinhalbjähriges Kind redet beim Zeichnen einer Straßenbahn leise mit sich selbst. Verblüfft schaut es auf seinen Stift, dem mit leisem Knackgeräusch die Spitze weggebrochen ist. Es versucht trotzdem, mit dem Stift das angefangene Rad weiterzuzeichnen, indem es stärker aufdrückt. Zurück bleibt auf dem Blatt nur eine hässliche Vertiefung. Was nun? »Es ist kaputt«, sagt es und greift unbeirrt zu den Tuschfarben. Es meint damit nicht den Stift, sondern das Rad der Straßenbahn, wie seine ab und zu einsetzenden Selbstgespräche später zeigten.

Das Sujet der Zeichnung hatte sich also verändert: Die Zeichnung stellte nun einen beschädigten Straßenbahnwagen dar, der nach einem Unfall repariert wird. Das Selbstgespräch war eng mit den Absichten des Tuns verbunden.[24] Wygotski, der Piagets Versuche nachgestellt hatte, ermittelte nahezu den gleichen Egozentrismus-Koeffizienten bei Vorschulkindern wie Piaget. Erschwerte er jedoch die Umstände, einen geeigneten Buntstift oder geeignete Tuschfarbe usw. zu erreichen, stieg der Koeffizient der egozentrischen Sprache beachtlich an. Beispiel: »Wo ist der Bleistift, ich brauche jetzt einen blauen Bleistift; macht nichts, ich male stattdessen mit einem roten und mache ihn nass, das wird dunkler und wird dann wie blau.«[25]

Wygotski erinnerten solche Äußerungen der Kinder eher an lautes Denken. Sogar Erwachsene kann man manchmal dabei ertappen, wenn sie sich allein fühlen oder völlig selbstvergessen sind, dass sie leise vor sich hin fluchen (»Mist, so wird das nichts!«) oder sich irgendetwas anderes in den Bart brabbeln.

Allmählich kamen Wygotski leise Zweifel an Piagets Interpretation dieses hochinteressanten Phänomens im Vorschulalter: Wieso eigentlich tritt die egozentrische Sprache nur als kollektiver Monolog, also in Anwesenheit anderer Kinder auf? Müssten egozentrische Äußerungen nicht häufiger sein, wenn das Kind allein und frei von jeglichem Anpassungsdruck ist? Wieso glauben denn die Kinder, bitte schön, dass sie von den anderen Kindern verstanden werden? Und überhaupt, warum reden die Kinder laut und deutlich ins Leere? Wenn ihnen die anderen schnurzpiepegal wären, könnten sie doch auch unverständlich vor sich hin nuscheln, oder?

Auf diese Fragen gibt Wygotski folgende Antwort: Die Kinder haben sich gedanklich noch nicht vollständig aus ihrer sozialen Eingebundenheit gelöst. Sie glauben, dass jeder ihrer Gedanken, ganz gleich ob verschwiegen oder verstümmelt ausgedrückt, Gemeingut sei. Das Denken der Kinder ist also nicht etwa autistisch (im Sinne von: in sich gekehrt), wie Piaget glaubt, sondern kollektivistisch (im Sinne von: noch nicht autonom).

Wygotski spricht von einem Ur-Wir als Vorform des Ich-Bewusstseins: »[…] demzufolge ist das Ur-Wir-Bewusstsein das Primäre, aus dem sich nur allmählich die Vorstellung des Kindes von sich selbst herausschält.«[26]

Was soll man sich unter einem Ur-Wir vorstellen? In Wygotskis Promotion *Psychologie der Kunst* gibt es einen interessanten Hinweis.[27] Er bezieht sich auf den deutschen Philosophen Friedrich Nietzsche (1844–1900), der den Ursprung des interpersonalen, kulturellen Erlebens auf den Zwang zurückführt, den ein Rhythmus auf die Mitglieder einer Gemeinschaft ausüben kann: »[…] der Rhythmus ist ein Zwang; er erzeugt eine unüberwindliche Lust, nachzugeben, mit einzustimmen; nicht nur der Schritt der Füße, auch die Seele selber geht dem Takte nach […]«[28]

Diese ursprüngliche Ansteckungsbereitschaft für kinetische Melodien anderer Menschen, die wir sicherlich auch unseren Spiegelneuronen verdanken, scheint die Grundlage eines unbewussten Ur-Wir-Gefühls zu sein. In Nietzsches *Zarathustra* ist bekanntlich zu lesen: »Älter ist an der Herde die Lust, als die Lust am Ich.«[29] Es ist nicht schwer, die tiefere Bedeutung dieser These zu verstehen, wenn man Gruppen vergnüglich herumtobender Kinder beobachtet – oder aber auch: Erwachsene in Fußballstadien und Konzertarenen.

Aber wie die Neurowissenschaften zeigen, steckt mehr dahinter. Anhand der biochemischen Interaktion zwischen Cortisol und Dopamin im sogenannten Lustzentrum des Gehirns (Nucleus accumbens) haben wir im vorangegangenen Kapitel gezeigt, dass anstrengende Nachahmung und Spaß am Spiel durchaus keine Gegensätze sein müssen, wie Piaget noch vermutete. Der im ersten Teil schon erwähnte Neurowissenschaftler Manfred Spitzer führt diese Argumentation (mit einem Seitenhieb auf Skinner) noch um einen wesentlichen Schritt weiter:

»Gelernt wird immer dann, wenn positive Erfahrungen gemacht werden. Dieser Mechanismus ist wesentlich für das Lernen der verschiedensten Dinge, wobei klar sein muss, dass für den Menschen die positive Erfahrung schlechthin in positiven Sozialkontakten besteht. Plakativ formuliert: Der lernende Mensch ist kein Nagetier, das reflexhaftes Verhalten produziert und umso mehr davon, je mehr Futterkügelchen es für ein bestimmtes Verhalten erhält. Selbst Ratten sind in dieser Hinsicht schlechte Ratten. Menschliches Lernen vollzieht sich immer schon in der Gemeinschaft, und gemeinschaftliche Aktivitäten bzw. gemeinschaftliches Handeln sind wahrscheinlich der bedeutsamste ›Verstärker‹. Die biologischen Wurzeln der Gemeinschaft von Lehrenden und Lernenden werden so unmittelbar deutlich.«[30]

Piaget sah das (ähnlich wie Freud) noch genau umgekehrt: Die egozentrische Lust wird durch Anpassungsdruck von außen erst schrittweise sozialisiert und das »[…] symbolische Denken, das sich im Spiel entfaltet, ist nichts anderes als das egozentrische Denken im reinen Zustand.«[31]

Wenn er damit Recht hätte und die egozentrische Sprache ein Zeichen mangelnder sozialer Einbindung wäre, müsste die egozentrische Sprache explosiv zunehmen, wenn der Anpassungsdruck an andere Personen wegfällt. Aber das Gegenteil ist der Fall. Wygotski zeigte dies durch Veränderung der Situation des freien Spiels in drei experimentellen Serien:
1. Störung der Illusion, von den anderen Kindern verstanden zu werden: Wygotski wechselte die Spielgefährten des beobachteten Kindes durch gleichaltrige, nicht auf akustischem Wege sprechende (gehörlose) oder fremdsprachige Kinder aus.
2. Störung der Möglichkeit, einen kollektiven Monolog zu führen: Wygotski führt das Kind aus der Gruppe hinaus – entweder in ein Einzelzimmer oder in eine Gruppe mit fremden Kindern.
3. Erschwerung der Akustik: Die Kinder wechselten in einen Saal mit weit auseinander liegenden Plätzen, in dem sie beim freien Zeichnen mit lauter Orchestermusik beschallt wurden, sodass sie sprichwörtlich ihr eigenes Wort nicht mehr verstehen konnten.

In allen drei experimentellen Serien fiel der Egozentrismus-Koeffizient steil ab. In der ersten Serie landete der Koeffizient bei Null und in der zweiten bei zirka einem Sechstel des ohne Störung gemessenen Wertes.[32]

Das egozentrische Sprechen ist also eine soziale Sprache auf dem Weg zu einer individuellen, verinnerlichten Sprache. Denn Sprache ist nicht nur ein Mittel, um andere Personen zu verstehen; sie ist auch ein ideales Werkzeug dafür, sich selbst zu verstehen.

Beim Spazierengehen, auf dem Weg zur Arbeit oder beim Warten im Stau tauchen im See unseres Bewusstseins ständig kleine Wortblasen auf (»Schon Freitag?«, »Peinlich!«, »Spät dran?«, »Bloß nicht!« usw.), um wie Seifenblasen zu zerplatzen und auf Nimmerwiedersehen zu verschwinden. Diese Wortblasen waren einst Selbstgespräche, die bei Kindern bis zum Alter von zehn Jahren zwischen 20 und 60 Prozent aller sprachlichen Äußerungen ausmachen können.

Bemerkungen wie »Hör auf, die anderen zu stören!«, »Kannst du nicht leiser arbeiten?«, »Nicht schwatzen!« usw. sind unangebracht, denn die Selbstgespräche sind ein wichtiges Hilfsmittel, um Handlungen zu steuern, Gedanken zu ordnen und Vorstellungen im Kopf festzuhalten. Die Fantasie und Einbildungskraft der Kinder ist noch nicht stark genug entwickelt. Deshalb können sie das Selbstgespräch, das ihnen zum geschätzten Hilfsmittel wurde, nicht geräuschlos in ihre innere Vorstellungswelt versenken. Dadurch aber geben sie uns die fantastische Gelegenheit, schon heute einigen ihrer stillen Gedanken von morgen lauschen zu können.

An und für sich

Wygotski verdanken wir also die wichtige Erkenntnis, dass aneinander vorbei brabbelnde Vorschulkinder alles andere als gaga sind. Wer war er, und wie kam er zu dieser Erkenntnis?

Die stocksteife Haltung und die dunklen, ernst blickenden Augen Wygotskis, die fast militärisch streng wirken, erinnern auf einigen schon etwas verblichenen Schwarzweißfotos an einen befehlsgewohnten Gardeoffizier. Zu diesem Bild würde natürlich eine kräftige Stimme passen, die hatte er aber ganz und gar nicht, wie sein engster Mitarbeiter, der Neuropsychologe Alexander Luria (1902–1977), berichtet.

Ein Patient mit ausgeprägtem Hang zu synästhetischen Empfindungen rief, als er sich mit Wygotski unterhielt, erstaunt aus: »Was für eine gelbe, mürbe Stimme Sie haben.«[33] Das war wahrscheinlich ein Symptom der Tuberkulose, an der Wygotski viel zu jung sterben sollte.

Die russische Psychologin Bluma Zeigarnik (1900–1988), eine berühmte Schülerin Lewins in Berlin, forschte ab 1931 als Kollegin Wygotskis in Moskau. Sie berichtet, dass er – selbst wenn er in wissenschaftliche Gespräche vertieft war – auf lärmende Kinder sehr warmherzig reagierte, ohne sich vom Inhalt des Gesprächs ablenken zu lassen.[34]

Wygotski war als Lehrer, Literaturkritiker, Kunst- und Entwicklungspsychologe ein typischer Vertreter der russischen Intelligenzija in den 20er Jahren. Trotz Repressalien gegen Intellektuelle und Säuberungsaktionen an Universitäten wollte er als begeisterter Marxist das *Kapital* der Psychologie schreiben. Wenn das Sein das Bewusstsein bestimmt, sollten wir es bewusst gestalten. Damit meinte er mit Sicherheit alles andere als das Spitzelsystem des KGB und die überfüllten Gulags.

Ganz im Gegenteil: Er wollte eine konkrete Psychologie schaffen, die sich für den einzelnen Menschen nicht nur als Zahl in Statistiken interessiert. Aber an einer menschlicheren Dimension des Marxismus war in den 1930er Jahren, in denen sich der Stalinismus durchsetzte und innerhalb eines Jahrzehnts Millionen von Menschenleben forderte, kaum noch jemand interessiert.

1936 kamen Wygotskis bereits veröffentlichten Texte in der Sowjetunion auf den Index der verbotenen Schriften. Erst 1962 (im Rahmen der Entstalinisierung) erschien in den USA eine Sammlung von Essays in englischer Übersetzung. Die Psychologin Laura Berk, Professorin an der Illinois State University, schreibt dazu:

> »In den späten siebziger Jahren wandten sich weitere amerikanische Psychologen von Piagets Theorie ab. Damals erschienen auch immer mehr Arbeiten Wygotskis auf Englisch. Die sich wandelnde wissenschaftliche Atmosphäre […] regte schließlich zu einer Flut neuer Untersuchungen an. So ist seit Mitte der achtziger Jahre in den westlichen Ländern die Zahl von Studien zum Selbstgespräch auf das Dreifache angewachsen, und die meisten – darunter meine eigenen – bestätigen Wygotskis Ansichten.«[35]

Piaget war vielleicht der erste Wissenschaftler, der Kindern wirklich aufmerksam zuhörte. Dadurch gelang es ihm, die Innenperspektive der Kinder einzunehmen und zu verstehen, wie sie aktiv ihr eigenes Bild von der Welt, von anderen Personen und von sich selbst konstruieren.[36]

Wie Montessori sah Piaget zu Recht die Kinder als Gestalter ihrer eigenen Entwicklung. Aber seine eigene Rolle bei der Entwicklung seiner Kinder hatte Piaget übersehen. Der blinde Fleck in seiner Entwicklungstheorie ist er selbst.

Seine Experimente zeigen zwar eindrucksvoll, wie Kinder ihre geistige Entwicklung selbst in Richtung Effizienz und Widerspruchsfreiheit organisieren. Aber: Welche Wirkung übten seine Erwartungen, Fragen und Experimente auf die geistige Entwicklung der Kinder aus?

Nehmen wir zum Beispiel eine tertiäre Kreisreaktion der Stufe V, in der etwa Eineinhalbjährige imitieren, wie Mama, Papa oder ältere Geschwister Stifte über das Papier gleiten lassen: Das Kleinkind erfreut sich vielleicht an den kratzenden Geräuschen eines Stiftes, den es zuerst falsch herum wie einen Faustkeil in der Hand hält. Bald entdeckt es mit Freude, dass der Stift ja auch sichtbare Spuren auf dem Papier hinterlässt. Das bringt Spaß wie erste Fußstapfen im Neuschnee oder Spurschmieren mit Apfelmus. Nun kommt jemand dazu und fragt: »Was malst du denn da Schönes?« Das Kind blickt verwundert auf und merkt, dass eine Antwort erwartet wird. Es antwortet einfach irgendetwas, das ihm gerade in den Sinn kommt: »Mama?!« Offensichtlich stiftet die Antwort höchste Zufriedenheit. Dieses soziale Erlebnis geht an dem Kind nicht spurlos vorüber. Ein neues Frage-Antwort-Spiel ist geboren, in dem Kritzeleien etwas bedeuten können. Wygotski schreibt dazu:

> »Ein Kind, das zum ersten Mal einen Bleistift in die Hand nimmt, zeichnet bekanntlich zuerst und sagt dann, was es geworden ist. In dem Maße, wie sich seine Tätigkeit entwickelt, verschiebt sich die Nennung des Themas der Zeichnung in die Mitte des Prozesses und später an den Anfang, indem sie das Ziel der künftigen Handlung bestimmt.«[37]

Jede höhere psychische Funktion tritt in Wygotskis Theorie dreimal auf (die gesamte kulturelle Entwicklung des Menschen durchläuft für ihn diese drei Phasen): *an sich – für andere – für sich*. In diesem Beispiel: das Kritzeln *an sich* – die Interpretation *für andere* – das Darstellen *für sich* selbst.

Wygotski führt als Beispiel den frühkindlichen Entwicklungsweg vom Greifen zum Zeigen an: Eine misslingende Greifbewegung nach einem Schnuller (*an sich*) stellt (*für andere*, beispielsweise ältere Geschwister) eine Zeigegeste dar. Wenn man dem Kind daraufhin den Schnuller reicht, lernt es allmählich das Zeigen als soziales Werkzeug *für sich* zu nutzen.

Diese Art sozialen Lernens beginnt sprichwörtlich mit dem ersten Schrei: Das Schreien als biologische Funktion *an sich* bedeutet *für andere* so etwas wie einen Hilferuf. Wendet man sich nun dem Baby zu, lernt es allmählich, das Schreien *für sich* als Werkzeug zum Herbeirufen seiner Bezugspersonen zu gebrauchen.

Piaget war Kantianer. Wygotski wurde dagegen von Gegnern vorgeworfen, Hegelianer zu sein, denn seine Idee für den Dreischritt bezog er aus einer interessanten Kontroverse der deutschen Philosophie: Der Philosoph Immanuel Kant (1724–1804) war der Ansicht, »[…] dass unsre sinnliche Vorstellung keinesweges eine Vorstellung der Dinge an sich selbst, sondern nur der Art sei, wie sie uns erscheinen.«[38]

Der Philosoph Georg Wilhelm Friedrich Hegel (1770–1831) sah dies anders – und zwar dialektisch. Hier eine kleine Kostprobe:

> »Diese Substanz aber, die der Geist ist, ist das *Werden* seiner zu dem, was er *an sich* ist; und erst als dies sich in sich reflektierende Werden ist er an sich in Wahrheit *der Geist*. Er ist an sich die Bewegung, die das Erkennen ist, – die Verwandlung jenes *Ansichs* in das *Fürsich*, der *Substanz* in das *Subjekt*, des Gegenstands des *Bewusstseins* in Gegenstand des *Selbstbewusstseins* […]. Sie ist der in sich zurückgehende Kreis, der seinen Anfang voraussetzt, und ihn nur im Ende erreicht.«[39]

Das müssen Sie nicht verstehen. Aber Sie erhalten vielleicht einen Eindruck davon, dass sich hinter der Alltagsfloskel »an und für sich« mehr verbirgt.

Wygotski wollte mit seiner Faustformel des Übergangs vom *Ansich* über das *Fürandere* zum *Fürsich* genauso wie einst der aus Trier stammende Philosoph Karl Heinrich Marx (1818–1883) Hegel vom Kopf auf die Füße stellen. Aber auch diese Wygotski-Faustformel lässt sich für den Alltagsgebrauch noch knapper formulieren. Wir können die biologischen Funktionen *an sich* als schon gegeben voraussetzen. Dann genügt es zu sagen: Jede Funktion in der geistigen Entwicklung eines Menschen tritt zweimal auf – zuerst interpsychisch (*für andere*), dann intrapsychisch (*für sich*), mit anderen Worten: zuerst sozial und dann individuell.

Spiel als Zone der nächsten Entwicklung

Für Wygotski ist der Ausgangspunkt jedes Spiels per se sozial. Sein Ziel aber ist emanzipatorisch. Beim Spielen macht sich das Kind die Kultur zu eigen, in dem es versucht, die Beziehungsnetzwerke aufzufädeln, in die es eingebunden ist. Deshalb nimmt es sein Spiel genauso ernst wie Schulkinder das Lernen und Erwachsene ihre Arbeit. Was einem Kind aktuell im gemeinsamen Spiel schon möglich ist, das ist die Zone seiner nächsten Entwicklung:
1. Zeigt ein Säugling Interesse an familiärer Resonanz auf sein Schreien, ist das gezielte Herbei-Schreien von Familienmitgliedern die Zone seiner nächsten Entwicklung.
2. Zeigt ein Baby Freude über die Hilfe bei einer misslungenen Greifbewegung, ist die gezielte Zeigegeste die Zone seiner nächsten Entwicklung.
3. Zeigt ein Kleinkind spielerische Freude an Interpretationen seiner Kritzeleien, ist das darstellende Zeichnen die Zone seiner nächsten Entwicklung.
4. Zeigt ein Vorschulkind spielerische Freude an kollektiven Monologen, ist das verbale Denken die Zone seiner nächsten Entwicklung usw.

Nicht nur Piagets Experimente zum egozentrischen Sprechen stellte Wygotski in Moskau nach, um sie zu variieren und zu neuen Schlüssen zu kommen, sondern auch die im ersten Teil geschilderten Lewin-Experimente. Sie sind weniger bekannt (aber nicht minder erhellend).

In der ersten Serie von Experimenten verglich Wygotski mit seinem Team (genauso wie Lewin) Prozesse der Sättigung in der Tätigkeit von Regel- und Sonderschulkindern.[40] Er stellte den Kindern frei, eine beliebige Tätigkeit bis zur Sättigung zu wiederholen. Schließlich wartete er einfach so lange ab, bis die Kinder diese Tätigkeit von selbst abbrachen, also bis zum Eintritt der Sättigung. Hier endet das schon bekannte Lewin-Experiment, und das eigentliche Wygotski-Experiment beginnt. Die Frage lautet: Mit welchen Mitteln lässt sich das Kind trotz Sättigung zum Fortführen der Handlung bewegen? Hier sind die experimentellen Ergebnisse:

a) Regelschulkindern genügte als Anregung eine Umdeutung des Sinns der gegebenen Spielsituation, um die schon gesättigte Handlung wieder energisch fortzusetzen.
b) Schüler mit Lernschwierigkeiten ließ die Umdeutung der der Spielsituation dagegen kalt. Sie führten ihre Spielhandlungen nur dann weiter aus, wenn man das Material austauschte, von dem der ursprüngliche und nun gesättigte Aufforderungscharakter ausging.

Beispiel zu a: Ein Mädchen aus einer Regelschule brach die Handlung mit der theatralischen Begründung ab, dass ihr die Hand vom vielen Zeichnen schon weh tue und es deshalb unmöglich sei, noch weiter Mondgesichter zu malen. Darauf bat Wygotski das Mädchen, noch ein bisschen weiterzuzeichnen, um einem anderen Kind zu zeigen, was es tun soll. Diese Bitte veränderte die Situation schlagartig. Das Mädchen schlüpfte stolz in die Rolle einer Lehrerin. Die Schmerzen in der Hand waren mit einem Mal völlig vergessen.

Das Material hatte bei den Regelschulkindern auf die Motivation kaum Einfluss. Wygotski nahm ihnen die bunte Kreide weg, um sie durch weiße Kreide zu ersetzen, sie spielten weiter. Wenn sie mit Farbe und Pinsel malten, gab er ihnen stattdessen Buntstifte. Wieder das gleiche Bild: Unbeeindruckt blieben sie bei ihrem Spiel.

Damit zeigte Wygotski, dass für sie das Material ohne Belang war. Er konnte den Regelschulkindern nacheinander die Buntstifte gegen einen rotblauen Stift tauschen, dann den rotblauen Stift durch einen Bleistift ersetzen und ihnen zum Schluss nur noch Bleistiftstümpfe überlassen. All das änderte nichts an der intrinsischen Spielmotivation.

Beispiel zu b: Wollte ein Kind mit Lernschwierigkeiten zum Beispiel das Zeichnen von Mondgesichtern beenden, musste man zunächst den schwarzen Bleistift durch einen rotblauen austauschen, um es zum Weitermalen anzuregen. Beim nächsten Abbruchversuch reichte Wygotski dem Kind einen Satz Buntstifte, dann einen Tuschkasten mit Pinsel, dann eine Tafel mit Kreide und zum Schluss einen Satz bunter Kreide. So gelang es ihm in den meisten Fällen, auch die Sonderschulkinder dazu zu bewegen, ihre Tätigkeit auch nach der Sättigung noch eine Weile aufrechtzuerhalten.

In der zweiten Versuchsserie erforschte Wygotski, so wie schon Lewin, die Tendenz der Rückkehr zur abgebrochenen Handlung. Auch hier kam er zu dem Ergebnis, dass sich diese Tendenz bei Kindern mit Lernschwierigkeiten regelmäßig nur in anschaulichen Situationen zeigte, also wenn das Material der abgebrochenen Handlung direkt vor ihren Augen lag. Bei Regelschulkindern zeigte sich diese Tendenz zur Rückkehr zur unterbrochenen Handlung dagegen unabhängig von der anschaulichen Situation, also unabhängig davon, ob das Material vor den Augen lag oder nicht.

Die dritte experimentelle Serie lief so ab: Die Kinder wurden dazu angeregt, zum Beispiel aus Plastilin einen Hund zu modellieren. Diese Tätigkeit wurde unterbrochen und durch eine andere Handlung (a oder b) ersetzt:
a) In einigen Fällen handelte es sich um eine Handlung mit der gleichen Bedeutung: einen Hund auf Glas malen.
b) In anderen Fällen wurde die Tätigkeit durch eine Handlung mit dem gleichen Material ersetzt: Schienen aus Plastilin modellieren (für einen Waggon, der auf dem Tisch stand).

Während bei den Kindern mit Lernschwierigkeiten der Aufforderungscharakter zum Handeln vorwiegend im Material zu finden war, lag er bei den Regelschulkindern in der Fantasie, genauer: in einer vorgestellten Bedeutung der Handlung. Hier sind die experimentellen Ergebnisse:
1. Bei der Mehrzahl der Regelschulkinder nahm die Handlung mit der gleichen Bedeutung (a) den Wert einer Ersatzhandlung an – jedenfalls im deutlich größeren Maße als die Handlung mit gleichem Material (b).
2. Bei den Kindern mit Lernschwierigkeiten war das Verhältnis dagegen unübersehbar andersherum. Die bedeutungsanaloge Handlung (a) besaß fast gar keinen Ersatzwert, während sich die materialgleiche Handlung (b) in nahezu allen Fällen einheitlich als Ersatzhandlung erwies.

Die Lewin-Experimente hatten einen engen Zusammenhang zwischen der Entwicklung der Fantasie im freien Spiel und der Abstraktionsfähigkeit gezeigt. Die Wygotski-Experimente bestätigen diesen Zusammenhang, fügen ihm jedoch noch eine wichtige Erkenntnis hinzu:

Sättigungspunkt und Ersatzwert zeigen, worin die intrinsische Motivation der Handlung liegt. Bei den Regelschulkindern liegt sie in der vorgestellten Bedeutung und nicht im Material. Die vorgestellte Bedeutung ermöglicht es ihnen, einerseits eine Situation spielerisch umzudeuten und andererseits die Bedeutung beim Wechsel des Materials aufrechtzuerhalten.

Genauso wie das egozentrische Sprechen die Vorform des verinnerlichten verbalen Denkens ist, ist das Spiel die Vorform der gedanklich vorgestellten Bedeutung. Kurz: Fantasie ist verinnerlichtes Spiel:

> »Das größere Kind hört auf zu spielen. Es ersetzt das Spiel durch Fantasie. Wenn das Kind zu spielen aufhört, bedeutet das nichts anderes, als dass es aufhört, eine Stütze in realen Gegenständen zu suchen. Es baut Luftschlösser, erschafft etwas, das man als Wachtraum bezeichnet.«[41]

Der folgende Abschnitt zeigt, wie Lernschwierigkeiten allein durch mangelnde soziale Anregung im Spiel entstehen können. (Es soll hier natürlich nicht behauptet werden, dass dies die einzig mögliche Ursache sei.) Dabei wird deutlich, dass das Spiel mit Gleichaltrigen eine andere Funktion in der geistigen Entwicklung hat als das Spiel mit Erwachsenen (oder älteren Kindern).

Ungleiche Zwillinge

Gab man den beiden fünfjährigen Jungen Jura und Ljoscha Bausteine zum Spielen, warfen sie diese gern im Zimmer umher. Die eineiigen Zwillinge spielten nicht sehr fantasievoll. Sie bevorzugten Bewegungsspiele, wie zum Beispiel Nachlaufen und Fangen. Am Zeichnen, Modellieren oder an komplizierteren Rollenspielen beteiligten sie sich so gut wie nie.

Erst im Alter von zweieinhalb Jahren hatten sie gelernt, »Mama« und »Papa« zu sagen. Als Fünfjährige begannen sie nun zwar allmählich damit, weitere Wörter zu benutzen – aber nur wenn sie sich an Erwachsene wandten.

Die meiste Zeit spielten die Zwillinge gemeinsam zu Hause. Beim Spielen sprachen sie jedoch kaum. Wenn doch, handelte es sich nur um Lautfolgen, wie »aga«, »nu«, »a« oder »bulbul«. Diese Silben bezogen sich zwar auf Gesten und Handlungen, hatten aber keine eigenständige Bedeutung.

Das galt auch für ihr gemeinsames Spiel im Kindergarten des Moskauer Instituts für Medizinische Genetik. Vom allgemeinen Spiel der anderen Kinder blieben sie meistens ausgeschlossen: »Die Kinder spielten in stereotyper Weise ›Pferd‹. Ein Kind spielt die Rolle des Pferdebesitzers (es reitet auf dem Tier, füttert es, streichelt und striegelt es, bindet es an den Stuhl). Das andere Kind spielt die Rolle des Pferdes, trampelt, wiehert und tut so, als fräße es Heu.«[42]

Ansonsten waren die Zwillinge jedoch recht selbstständig: Sie konnten sich allein anziehen, aßen selbstständig und halfen bei einfachen häuslichen Arbeiten. Sie machten insgesamt einen ausgelassenen, energischen und kontaktfreudigen Eindruck. Sie waren beim Spielen nur sich selbst überlassen worden. Die Eltern achteten lediglich darauf, dass ihnen nichts passieren konnte. Deshalb erinnerte ihre Art zu sprechen eher an zwei- bis dreijährige Kinder.

Der schon erwähnte Neuropsychologe Alexander Luria organisierte folgendes Experiment: Die Zwillinge besuchten von nun an getrennt unterschiedliche Kindergartengruppen. Jura, der etwas Kleinere und Zurückhaltendere der beiden Jungen, erhielt noch zusätzlich das Angebot eines spielerischen Sprachtrainings mit Erwachsenen: Frage-Antwort-Spiele, spielerisches Benennen von Gegenständen und Bildern mit allmählichem Übergang zur Satzbildung.

Das Experiment dauerte etwa zehn Monate und beantwortet die Frage: Welche unterschiedlichen Wirkungen haben Interaktionen mit Gleichaltrigen und mit Erwachsenen auf die Entwicklung des Fantasiegehalts des Spiels der Zwillinge?

Ergebnis: Das handlungsbegleitende Sprechen entwickelten beide im freien Spiel mit Gleichaltrigen. Das situationsunabhängige, erzählende Sprechen, das nur bei Jura zu beobachten war, bedurfte dagegen der Interaktion mit Erwachsenen.

Beide waren in ihren Spielhandlungen nach dem Experiment entschlossener und ließen sich nicht mehr so leicht ablenken. Beim freien Modellieren von Gegenständen aus Ton erklärten sie sich gegenseitig, was sie bauen wollten, zum Beispiel: »Ich will ein Lastauto basteln.«

Die dominierende Rolle des etwas größeren Ljoschas bei allen grobmotorischen Bewegungsspielen blieb weiterhin erhalten. Bei fantasievolleren Spielen übernahm nun jedoch Jura die Führung.

Luria spielte den Jungen eine kleine Szene vor, in der er einen Stift als »Mama«, eine Vase als »Baum« und einen Löffel als »Wolf« bezeichnete. Jura spielte sofort begeistert mit: »Die Lok kommt gefahren, die Wolfsmutter rennt, der kleine Wolf klettert auf den Baum, Mama kommt aus dem Haus, setzt sich auf die Lok, nimmt den Jungen.«[43]

Im selbstständigen Spiel veränderte Jura einige Bedeutungen, andere behielt er bei: »Mama fing den Hasen, der Wolf rannte, um sich den Hasen anzusehen, die Lok fuhr vorbei, der Hase war mit Mama im Haus, er sprang durchs Fenster, direkt auf die Tanne […]«[44]

Ljoscha dagegen wiederholte das Spielen ohne Änderung. Als er aufgefordert wurde, den Dingen neue Bedeutungen zu geben, entzog er sich der Spielsituation. Generell fielen ihm abstrakte Aufgaben schwerer. Das zeigte sich beim Sortieren von Bildern oder beim Erkennen von Fehlern auf Bildern.

Kinder brauchen für die Entwicklung der Fantasie und des abstrakten Denkens beides, sowohl Raum für das freie Spiel (in Interaktion mit Gleichaltrigen) als auch Anregungen von Erwachsenen oder älteren Kindern. Der Grund für Letzteres liegt in der Kulturentwicklung der Menschheit:

Die Neigung zum Spiel teilen wir Menschen mit Säugetieren, Vögeln und anderen Tierarten. Unterschiede zu anderen Tieren zeigen sich jedoch im Gebrauch »geistiger Werkzeuge« (kultureller Zeichensysteme). Zwar lässt sich der Gebrauch von abstrakten Zeichen ansatzweise auch bei sozialen Tieren beobachten. Beispiele sind Bienen, Papageien, Delfine und Affen. Das Besondere an menschlichen Zeichensystemen ist jedoch ihre hohe Komplexität und der nahezu grenzenlose Gebrauch von Superzeichen.

Superzeichen sind Zeichen, mit denen wir über Zeichen und Zeichensysteme kommunizieren. Sie sind zum Beispiel für Metakommunikation in unserem Alltag unverzichtbar. Denken Sie nur an Fragen, wie zum Beispiel: »Was willst du damit sagen?«, »Weißt du überhaupt, was das Wort bedeutet?«, »Wie nennst du das?« usw.

Zeichensysteme unseres täglichen Gebrauchs haben sich über Generationen hinweg von anschaulichen Gegebenheiten losgelöst. Sie sind der wichtigste Umweltfaktor für die Entwicklung von Metakompetenzen. Kinder erlernen im Spiel in relativ kurzer Zeit, was sich in der Menschheitsgeschichte erst allmählich über sehr große Zeiträume herausbilden konnte. Das wäre ohne die Hilfe von Erwachsenen unmöglich.

Wünsche als Vorboten wachsender Fähigkeiten

Sensomotorische Übungsspiele kann man bei verschiedenen Säugetierarten beobachten. Mitte der 1990er Jahre beobachtete man auf einer Forschungsstation auf der Hawaii-Insel Oahu, am Fuße der steilen Klippen von Makapuu, mit Luftblasen spielende Delfine. Das Forschungsteam berichtet:

> »Neun der 17 Tiere fabrizieren Ringe und andere komplizierte Luftgebilde. […] Ein solcher Ring kann, bei Fingerdicke, bis zu 60 Zentimeter Durchmesser haben und je nach Schubrichtung, die das Tier dem Wasserwirbel gegeben hat, eine Weile ohne sonderlichen Auftriebseffekt driften. Ein zusätzliches Kunststückchen vollbringen manchmal unsere Tümmler, indem sie mit einer kurzen Seitwärtsbewegung des Schnabels ein kleines Ringsegment abtrennen, das sich ebenfalls zum Ring schließt; das steuern sie dann durchs Wasser. […] Selbst wir dürfen gelegentlich mitspielen. […] Das brachte uns auf die Idee, es mit Seifenblasen zu probieren. Tatsächlich kam nach einigen Minuten ein Tümmler an die Scheibe und blies seinerseits einfache Kringel, die nach oben stiegen. Zu unserem Erstaunen traute er uns noch mehr zu: Er schwamm ein Stück fort und schlug mit der Fluke mehrere Wirbelringe, als ob wir wie er unsichtbare Strömungen wahrnehmen könnten.«[45]

Bei Schimpansen sind sogar Symbolspiele belegt: Sonya Kahlberg vom Bates College in Lewiston und Richard Wrangham von der Harvard University in Cambridge beobachteten im Kibale-Nationalpark in Uganda eine Gruppe von 68 Schimpansen. Zirka 40 Prozent der Zeit, in der sich die Schimpansen mit Stöcken beschäftigten, trugen vor allem Weibchen Baumteile einfach nur mit sich herum und wiegten sie von Zeit zu Zeit in ihren Armen wie Babys. Offensichtlich handelt es sich um ein Als-ob-Spiel, das vor allem für junge Schimpansinnen kurz vor Geburt ihrer ersten Jungen typisch ist. Die Stöcke, die als Spielzeug genutzt wurden, waren als Werkzeuge ungeeignet und wurden von den Schimpansinnen mit ins Nest genommen.[46]

Spiele sind immer Ausdruck einer intrinsischen Motivation. In dieser Hinsicht haben sie mit Dressurleistungen nach der Skinner-Methode nichts zu tun.

Diese Beobachtungen lagen Wygotski natürlich noch nicht vor. Aber er hatte mit großem Interesse Wolfgang Köhlers (1887–1967) Studien zum Werkzeuggebrauch und Problemlösen von Schimpansen verfolgt. Dieser leitete als Gestaltpsychologe von 1914 bis 1920 die Anthropoidenstation der Preußischen Akademie der Wissenschaften auf Teneriffa. Der Entwicklungspsychologe Karl Bühler (1879–1963), der zur Würzburger Schule der Denkpsychologie gehörte und auch mit Affen experimentiert hatte, bezeichnete ein Entwicklungsstadium von Säuglingen sogar als »Schimpansenalter«[47]. Er hatte (wie auch Piaget ab der IV. sensomotorischen Phase, ca. 10.–12. Monat) beobachtet, dass Kleinkinder schimpansengleich Werkzeuge gezielt zur Problemlösung einsetzen. Sie ziehen zum Beispiel an einer Schnur, um an ein begehrtes Spielzeug zu gelangen. Wygotski war jedoch folgender Unterschied zwischen Schimpansen und Kindern wichtig:

> »In unseren Untersuchungen haben wir gefragt, worin sich das Verhalten des Kindes in Situationen, die denen der Versuche mit Affen ähnlich sind, von dem des Schimpansen unterscheidet. Dabei zeigte sich, dass ein Kind, das vor der Aufgabe steht, mithilfe eines Werkzeugs ein bestimmtes Zielobjekt zu erlangen, nicht nur mit dem Werkzeug hantiert, sondern dabei auch spricht. [...] Wir konnten beobachten, wie das Kind in einer ähnlichen Situation zu einer Art Sprechen für sich übergeht, zu einer Unterhaltung mit sich selbst, die Piaget als egozentrische Sprache bezeichnet hat.«[48]

Die eingebildete Situation bei Schimpansen in freier Wildbahn hat keinen Namen. Eine Schimpansin, die ein Stück Holz wie ein Neugeborenes herzt, wird ihm keine Kosenamen geben. Erst die Selbstgespräche machen offensichtlich ein Symbolspiel zu einem menschlichen Spiel.

Fröbels Methode, solche eingebildeten Situationen mithilfe der Sprache zu erschaffen, erscheint sinnvoll. Montessori sah das jedoch anders:

> »Man gibt einem Kind ein Klötzchen und sagt: ›Das ist ein Pferd.‹ Dann werden die Steinchen in einer bestimmten Ordnung aufgestellt, und man sagt: ›Das ist ein Pferdestall.‹ ›Nun stellen wir die Pferde in den Pferdestall.‹ Dann werden die Steinchen in einer anderen Anordnung aufgestellt: ›Das ist ein Turm; es ist eine Dorfkirche‹, usw. Bei diesen Übungen eignen sich die Gegenstände (Klötzchen) viel weniger zur Einbildung als ein Stock zum Pferd, den das Kind wenigstens besteigen, peitschen und sich damit bewegen kann. Mit Pferden Türme und Kirchen zu bauen, treibt die geistige Konfusion auf die Spitze.«[49]

Montessori fragt sich zu Recht: Welchen Sinn soll es haben, dass das Kind gezwungen wird, sich ein Spektakel anzusehen, in dem Erwachsene von Bildern reden, aber nur Klötze zu sehen sind? Sie sieht eine große Gefahr darin, so mit dem Fröbelmaterial umzugehen. Letztendlich befürchtet sie eine Erziehung der Kinder zur Leichtgläubigkeit.[50]

Natürlich ist an ihrer Kritik etwas dran. Aber es ist vollkommen unnötig, dass sich Erwachsene solche Spiele ausdenken. Kinder erfinden solche eingebildeten Situationen ganz von selbst. Die schon erwähnte Kinderpsychologin Gopnik schreibt dazu:

> »Als Studentin in Oxford zeichnete ich alle Worte von neun Kindern auf, die gerade zu sprechen begonnen hatten. Die Kinder, die alle nur einzelne Wörter benutzten und gerade erst mit dem Sprechen anfingen, wandten diese Wörter genauso auf Möglichkeiten wie auf Tatsachen an. Da war nicht nur das allgegenwärtige ›brumm brumm‹, sondern auch der ›Apfel‹, der vorgab, einen Ball zu essen, oder ›Heia-heia‹, wenn die Puppe ins Bett gelegt wurde.«[51]

Warum bloß machen die Kleinen so was? Schon Montessori wusste eine plausible Antwort: »Ein Erwachsener findet sich mit etwas ab; ein Kind täuscht sich etwas vor.« Aber sie sah darin nur einen Ausdruck der Armut:

> »Aber das ist kein Beweis für die Einbildungskraft, das ist ein Beweis für einen unerfüllten Wunsch […]. Keiner wird sagen, dass es zur Erziehung des reichen Kindes notwendig ist, ihm das Pferd zu nehmen und einen Stock zu geben.«[52]

Natürlich nicht. Aber auch das »reiche Kind« wird spielen und seine Fantasie entwickeln. Denken sie nur an die im Überfluss lebenden Einzelkinder, die im heutigen Europa (trotz erschreckend wachsender Kinderarmut) alles andere als selten zu beobachten sind. Auch sie träumen vom Älterwerden und den Möglichkeiten, die sich ihnen dann auftun werden.

In der Tat beobachtete Wygotski bei Kindern immer wieder die unbewusste Neigung, Spiele zu wählen, die sich auf unrealisierbare Wünsche beziehen. Kindern imponiert in der Regel die Macht und Autorität von Erwachsenen.

Übrigens: Natürlich können Erwachsene ihre imponierende Vorbildrolle vermasseln. Machtmissbrauch kann den Wunsch zum Erwachsenwerden genauso zerstören wie kindisches Anbiedern. Eine dialogische Kooperation und das Einhalten der Generationsgrenzen sind wichtige Voraussetzungen für die Entwicklung echter und nachhaltiger Wünsche, es Erwachsenen gleich zu tun.

Allerdings handelt es sich dabei nicht, wie Montessori glaubte, um unmittelbare, konkrete Wünsche, wie zum Beispiel: Ein Kind will mit einer Schere spielen. Es wird ihm verboten, also muss es mit einer Spielzeugschere vorliebnehmen. So einfach sind Kinder nicht gestrickt.

Die Wünsche, die Wygotski in den Spielmotiven erkannte, haben einen verallgemeinerten Charakter.[53] Diese Wünsche sind Vorboten sich entwickelnder Metakompetenzen. Beispiele für solche Wünsche sind die Sehnsucht nach Anerkennung, die Befreiung von Einschränkungen, das Erleben von Selbstwirksamkeit, die Freude am Dazugehören usw.

Im Gehirn entfalten diese Wünsche ihre Macht als innere Bilder, über die der schon erwähnte Neurowissenschaftler Hüther schreibt:

> »Die wichtigsten Erfahrungen macht jedes Kind als Beziehungserfahrung anhand der von seinen Bezugspersonen bezogenen ›Vorbilder‹. Sie können seinen Blick weiter öffnen, seine Neugier und seine Lust an der Entdeckung der Welt und seiner eigenen Gestaltungsmöglichkeiten weiter fördern. In ungünstigen Fällen können diese Vorbilder aber auch ihre eigenen Ängste und Unsicherheiten auf das Kind übertragen, seinen Blick verengen und ihm sein Vertrauen und damit seine Neugier und Gestaltungslust rauben.«[54]

▸ **Zusammenfassung:**

Kinder simulieren im Spiel die Macht und Autorität von Erwachsenen. Dabei entwickeln sie wichtige Metakompetenzen. Der Inhalt der Spiele hängt stark vom sozialen Umfeld der Kinder ab, von dem sie sich im Spiel erst allmählich zu lösen beginnen. Die Zone der nächsten Entwicklung des Spiels sind Fantasie und sprachliches Denken.

▸ **Reflexion:**

Was imponiert Ihnen an anderen Personen? Welche Ihrer Metakompetenzen würden Sie gern weiterentwickeln? Wie würden Sie diese Metakompetenzen simulieren?

▸ **Beobachtung:**

Fragen Sie Kinder nach möglichen Gedanken und Absichten von Erwachsenen. Nach welchen Kriterien schätzen die Kinder die Erwachsenen ein? Was finden sie an Erwachsenen gut und was schlecht?

Die Wertschätzung des Spiels hängt offensichtlich stark von der Auffassung ab, welche Rolle man der Erziehung bei der Entwicklung eines Kindes einräumt:

Das Spiel erscheint als egozentrische Lust, wenn wir davon ausgehen, dass Erziehung die natürliche Entwicklung des Kindes verfälscht. Dies ist zum Beispiel bei Freud und Piaget der Fall. Sie meinen, dass die Erziehung der natürlichen Entwicklung der Kinder Zügel anlegt. Das Ziel von Lernen und Entwicklung ist für sie die immer bessere Anpassung an die Realität und die Erwartungen der Kultur. Erziehung ist aus dieser Perspektive Sozialisation, das heißt: der allmähliche Verzicht auf die eigenen Wünsche und Träume zugunsten von realistischen Zielen. Eine Persönlichkeit ist in dieser Sichtweise nur insoweit vernünftig, als sie einsieht, dass sie sich anpassen muss.

Das Spiel erscheint bestenfalls als Übung, wenn man wie Skinner der Meinung ist, dass sich der Mensch nur durch äußere Anregung entwickelt. Wenn man wie Watson im Kind ein unbeschriebenes weißes Blatt sieht, das durch Erziehung beliebig formbar ist, erscheint die Beteiligung der Fantasie am Spiel als überflüssiges Beiwerk. Dieses Konzept betont die passive, also von außen bestimmte Seite der Entwicklung. Dass sich das Kind aktiv von innen heraus entwickelt, blendet es aus. Eine Persönlichkeit wäre dann nur so vernünftig, wie es ihre Erziehung ermöglicht.

Als Kompensation von Minderwertigkeitsgefühlen, als Überbrückung langweiliger Situationen durch Spaß, Alberei usw. erscheint das Spiel, wenn man wie Montessori meint, dass sich das Kind hauptsächlich selbstständig von innen heraus entwickelt. Eine Persönlichkeit wäre aus dieser Perspektive nur so vernünftig wie das Material, das ihr für ihre Bildung und Erziehung zur Verfügung gestellt wird.

Als unmittelbarer Ausdruck der Fantasie erscheint das Spiel dann, wenn man wie Lewin Erziehung und Entwicklung als zwei Seiten einer Medaille betrachtet, bei der das Kind durch Erfahrungen seinen Lebensraum und Zeithorizont vergrößert. Dadurch gelingt es dem Kind, sich immer besser vom unmittelbaren Aufforderungscharakter einer Situation zu lösen. Entwicklung und Erziehung laufen parallel nebeneinander her: Das Kind lernt, indem es sich entwickelt – und umgekehrt, es entwickelt sich, indem es lernt. Eine Persönlichkeit wäre aus dieser Sicht nur so vernünftig, wie es ihr ihre Erfahrungen erlauben.

Diese Auffassungen beleuchten natürlich nur Teilaspekte. Denn sie lassen genügend Fragen offen: Wenn die Kinder gegen ihre natürlichen Entwicklungsantriebe lernen, warum haben sie dann mitunter so viel Freude an Nachahmung, Anpassung und Lernen? Wenn Kinder nur das Abbild ihrer Erziehung sind, wie kommen sie dann zu eigenen Entdeckungen und Erfindungen? Wenn Kinder nur aus selbstgewonnenen Entdeckungen und Erfindungen klug werden, warum suchen sie die Kooperation mit Erwachsenen? Wenn Kinder nur durch Erfahrung lernen, warum ist dann ihre Entwicklung so sehr von einer guten Erziehung abhängig?

Sie merken, mit diesen Fragen drehen wir uns im Kreis. Einen Ausweg aus diesem Teufelskreis bietet Wygotski, indem er akzeptiert, dass im günstigsten

Fall Erziehung und Lernen der Entwicklung schon einen Schritt vorauseilen. Dies wird für ihn nirgends so deutlich wie im kindlichen Spiel:

> »Im Spiel ist das Kind gleichsam einen Kopf größer als in Wirklichkeit. Das Spiel enthält in kondensierter Form, wie im Brennpunkt eines Vergrößerungsglases, alle Entwicklungstendenzen. Im Spiel bemüht sich das Kind gleichsam, eine Stufe höher zu klettern, verglichen mit seinem sonstigen Verhalten.«[55]

So wird Fröbels Einsicht, dass die Welt des Kindes die Welt des Spiels ist, verständlich:

> »Auf die Frage, weshalb das Kind spielt, kann es nur die Antwort geben, das Spiel ist als eingebildete, illusionäre Realisation unrealisierbarer Wünsche zu verstehen. Die Fantasie ist eben jene Neubildung, die es im Bewusstsein des Kleinkindes noch nicht und beim Tier überhaupt nicht gibt. Sie ist eine spezifisch menschliche Form der Bewusstseinstätigkeit. Wie alle Bewusstseinsfunktionen entsteht sie ursprünglich in der Handlung. Man kann die alte Formel, das Spiel des Kindes ist Fantasie in der Handlung, umkehren und sagen, die Fantasie des Schülers und im frühen Jugendalter ist Spiel ohne Handlung.«[56]

Allerdings verlangt diese Sichtweise, dass wir Erwachsenen uns unsere komplizierte Rolle bei der Entwicklung von Kindern bewusst machen. Wie können wir uns in das Spiel der Kinder so einbringen, dass deren intrinsische Motivation nicht verloren geht? Damit ist einerseits viel weniger als das heute oft anzutreffende maßlose Entertainment für Kids gemeint, das den Aufmerksamkeitsumfang der Kinder überfordert. Andererseits ist damit auch viel mehr gemeint, wenn es um Feingefühl und Verständnis dafür geht, mit welchen blinden Flecken die Aufmerksamkeit von Vorschulkindern fertig werden muss.

Teil III: Spiel und das Optimum der Aufmerksamkeit

Der Fantasie Flügel verleihen
Objekt-, Sujet- und Rollenspiele

Das kooperative Gehirn von Säuglingen

In Gemeinschaft mit Einjährigen reden Erwachsene anders als sonst, fand die amerikanische Entwicklungspsychologin Alison Gopnik heraus:

> »Fast wie ein Sportreporter berichten sie fortlaufend über alles, was das Baby tut. ›Da, jetzt hast du den Becher aufgehoben, so, jetzt stellst du ihn wieder hin. Hoppla, jetzt ist er weg. Oje.‹ Und so weiter. Das hört sich vielleicht nicht ganz so dümmlich an wie das Gerede vom ›süßen Spätzchen‹, aber, wenn man es genau betrachtet, doch immer noch ziemlich dümmlich.«[1]

Der zweite Teil startete mit Piagets Feststellung: Drei- bis Fünfjährige reden in Gemeinschaft irgendwie anders als Erwachsene. Gemeint war der kollektive Monolog. Teil zwei endete mit einer Erörterung der Frage: Wie lösen sich Vorschulkinder mit diesen Selbstgesprächen allmählich aus einem symbiotischen Ur-Wir-Gefühl? Nun schließt sich der Kreis mit der Feststellung: Auch Erwachsene reden mit Babys komisch.

Mit den nur scheinbar dümmlichen Kommentaren verleihen Eltern der Fantasie ihres Nachwuchses Flügel. Sie steuern die Aufmerksamkeit auf die Verbindung zwischen Handeln und Sprechen. Diese interpsychische Aufmerksamkeitssteuerung geht der Selbststeuerung des Handelns durch Sprechen voraus und führt zu den seltsamen Selbstgesprächen der Kinder.

Die komischen Kommentare der Eltern sind also der ursprüngliche Impuls zur außersprachlichen und später innersprachlichen Selbstbeschreibung. Natürlich kommen im Laufe des Lebens noch unzählige Kommentare anderer Personen hinzu. Seitdem ich bewusst auf solche inneren Kommentare achte, glaube ich manchmal aus ferner Vergangenheit ein schwaches Echo der Stimme meiner Deutschlehrerin oder meines Fahrlehrers zu hören.

Gemeint ist der endlose Strom von extrem verkürzten Monologen in unseren Köpfen, die ständigen Kommentare in unserer Innenwelt, die jegliches

Tun begleiten, korrigieren und die Aufmerksamkeit auf wesentliche Absichten ausrichten. Mir gefällt die Vorstellung, dass die kollektiven Monologe in Spielzimmern und auf Spielplätzen beim Symbolspiel eine Vorform dieser innersprachlichen Selbststeuerung der Aufmerksamkeit sind. Jedenfalls hat für mich der Kinderlärm in meiner Nachbarschaft dadurch an Wohlklang gewonnen.

Welche Hinweise für die Beeinflussbarkeit unseres Gehirns durch die Stimme anderer Personen gibt es? Eine Studie aus dem Jahre 2010 liefert wichtige Indizien: Das Team um den Kinderneurologen Jason Hill an der Washington University in St. Louis deckte Parallelen zwischen der Hirnevolution und der individuellen Hirnentwicklung auf.[2]

Hirnscans von zwölf Neugeborenen und zwölf jungen Erwachsenen ergaben folgendes Bild: Die Großhirnrinde ist bei Neugeborenen ähnlich kompliziert gefaltet wie bei Erwachsenen. Sie besitzt aber nur ein Drittel der Oberfläche. Die Entwicklung nach der Geburt ist uneinheitlich: Große Teile der Schläfen-, Scheitel- und Stirnlappen, die maßgeblich mit der Steuerung der Aufmerksamkeit und der Verarbeitung kultureller Zeichen zu tun haben, erweitern sich fast um das Doppelte im Vergleich zu anderen Hirnzentren.

Nach der Geburt ähnelt die Struktur der ausgereiften Teile der Großhirnrinde von Menschen der von Tieraffen (Makaken). Die letzten Evolutionsschritte zu den menschlichen Hirnzentren, die später eine Selbststeuerung der Aufmerksamkeit und die Verarbeitung kultureller Zeichen ermöglichen, entsprechen offensichtlich den bei der Geburt noch unreifen Hirnregionen. Auf das Wachstum dieser Regionen besitzen nachgeburtliche Erfahrungen demnach einen großen Einfluss. Diese Erfahrungen sind hauptsächlich Beziehungserfahrungen mit der geteilten Aufmerksamkeit von Eltern und Kindern.

Das Wissen um den großen Einfluss der sozialen Umwelt erklärt, warum dasselbe Kind, das in China die chinesische Kultur aufsaugt, auch problemlos in Peru, Kenia oder Deutschland hätte Fuß fassen können. Menschliches Leben ist bis zur Geburt noch auf keine Kultur festgelegt. Die neurobiologische Grundausstattung Neugeborener ist kosmopolitisch.

Das bedeutet aber auch eine riesige kulturelle Verantwortung, die nicht allein auf den Schultern der Eltern lasten darf. Natürlich wollen die meisten Eltern bloß nichts falsch machen! Das kann sie ganz schön in Stress versetzen. Ihnen diese Befürchtungen zu nehmen, ist eine wichtige Aufgabe professioneller Erziehungsberatung.

In Deutschland sinkt die Geburtenrate und immer mehr Menschen konzentrieren sich auf immer weniger Kinder. Die Karriereplanung beginnt in manchen Familien schon mit dem Kauf des Kinderwagens. Industrie und Elternratgeber heizen ständig mit neuen Produkten und Förderprogrammen den Wunsch nach dem perfekten Kind an. Natürlich wünschen sich die Eltern ihre Wonneproppen möglichst leistungsfähig, gesund und gebildet. Deshalb stöbern sie in Ratgebern und hasten zu Elternkursen. Im ungünstigen Fall werden die Eltern ständig mit neuen Anforderungen überhäuft: Das brauchen Sie unbedingt fürs Kind und nur wenn Sie dieses Förderprogramm durchziehen, werden Sie Ihrem kleinen Genie gerecht.

Ganz zu schweigen vom sozialen Druck im Bekanntenkreis. Die Kinder sollen den Ansprüchen der Familie genügen und die Eltern fragen sich: Wie toll müssen wir sein, um dem Kind das Beste zu bieten und um aus dem Kind das Beste herauszuholen. Die Angst zu versagen ist manchmal so groß, dass die verunsicherten Eltern ihre Kinder schon vor der Geburt mit Mozart beschallen und später ihrem Säugling kein Angebot vom Baby-Schwimmen bis zur musikalischen Früherziehung ersparen. Schlimmstenfalls fällt der so wichtige stressfreie und spielerische Eltern-Kind-Dialog wegen überfüllter Terminkalender in der Elternzeit aus. Dabei zeigen aktuelle wissenschaftliche Untersuchungen, dass er durch nichts zu ersetzen ist. Weniger wäre hier also mehr.

Die enge Verbindung von Mutter und Kind ist schon den ersten Schreien der Neugeborenen anzuhören. Ihre Melodie folgt der Muttersprache, melden Birgit Mampe und Kathleen Wermke von der Julius-Maximilians-Universität Würzburg, Angela Friederici vom Max-Planck-Institut für Kognitions- und Neurowissenschaften in Leipzig und Anne Christophe von der Ecole Normale Supérieure in Paris.[3]

Im letzten Drittel der Schwangerschaft erkennt der menschliche Fetus schon akustische Melodien aus der Außenwelt. Neugeborene bevorzugen die Stimme der Mutter, weil sie ihnen schon vor der Geburt vertraut ist. (Natürlich nur, wenn sie nicht ständig von Mozart-Sinfonien übertönt wurde.)

Das Forscherinnen-Team fand in der Melodie der Schreie von 30 französischen und 30 deutschen Neugeborenen Unterschiede: Erstere bevorzugen ansteigende Tonhöhen und Letztere fallende Tonhöhen. Das entspricht der vorherrschenden Grundmelodie der sie umgebenden Muttersprache.

Zwei bis drei Tage alte Neugeborene können nicht nur Melodien unterscheiden. Ein ungarisch-niederländisches Team konnte zeigen, dass sie auch über ein angeborenes Rhythmusgefühl verfügen.[4]

Wie bestimmte Hirnregionen Neugeborener auf die Stimme der Mutter reagieren, untersuchte 2010 die Psychologin Maryse Lassonde und ihr Team an der Université de Montréal in Kanada:[5] Im Gehirn Erwachsener gibt es Regionen, die besonders auf vertraute Stimmen reagieren. Doch wie entwickeln sich diese Regionen bei Kindern?

Das Forschungsteam setzte 16 Neugeborenen eine Mütze aus Saugnäpfen auf. Die Kleinen waren durchschnittlich kaum 21 Stunden alt. In jedem der Saugnäpfe befindet sich ein Sensor für die feinen elektrischen Ströme im Gehirn. Ein Gewirr aus Kabeln leitet diese Ströme an einen Computer weiter. Anhand der am Bildschirm sichtbaren Hirnstromwellen (EEG) untersuchte das Team die unterschiedlichen Ausschläge im Wellenmuster, das sie aus den schlafenden Gehirnen der Säuglinge mit futuristischen Mützen ableiteten.

Im Experiment begleitete den Neugeborenenschlaf eine einschläfernd-monotone Geräuschkulisse: In einer Endlosschleife war ein fremder Sprecher zu hören, der einfach nur immerzu den Vokal »a« artikulierte. Ab und zu spielte das Forscherteam denselben Laut dazwischen, aber diesmal abwechselnd von anderen Personen gesprochen: einmal von der Mutter und ein andermal von einer Krankenschwester. Die Hirnstromkurven zeigten bei dem mütterlichen »a« einen charakteristischen Ausschlag in der linken Hirnhälfte, bei dem »a« der Krankenschwester dagegen reagierte nur die rechte Hirnhälfte.

Zusätzlich regten sich beim Klang der Stimme der Mutter die Spiegelneuronen des Säuglings im prämotorischen Kortex. Dieser Befund legt nahe: Die Stimme der Mutter hat von Anfang an eine ansteckende Wirkung! Die Wirkung der mütterlichen Stimme auf die Aufmerksamkeit ist immens. Die Stimme der fremden Krankenschwester dagegen aktivierte nur die akustischen Wahrnehmungszentren.

Diese Beispiele neuer Untersuchungsergebnisse stehen stellvertretend für viele andere Studien, die derzeit fast wie Pilze aus dem Boden schießen (ganz zu schweigen von den Ergebnissen der Forschung zu frühen Bindungen). Sie alle stützen Wygotskis These, dass es ein rhythmisch und akustisch gestütztes Ur-Wir-Gefühl von Geburt an gibt. Die frühe spielerische Eltern-Kind-Kommunikation trägt dieses Gefühl.

Wenn alles gut läuft, finden Eltern, dass sie das absolut allertollste Kind haben, das es auf der Welt überhaupt nur geben kann. Und ähnlich fühlt auch das Kind, wenn seine Aufmerksamkeit von seinen Bezugspersonen gefesselt wird. Das biologische Eltern-Kind-System ist auf spielerische, sich gegenseitig hochschaukelnde Interaktion regelrecht angelegt. Sprache und Kultur stehen von Anfang im Mittelpunkt der geteilten Aufmerksamkeit. Diese Quelle intrinsischer Spielmotivation kann kein Eltern-Ratgeber toppen und auch kein Neo-Carbon-Luxuskinderwagen für mehrere tausend Euro. Eher besteht die Gefahr, dass der Erwartungsdruck wächst und damit die intrinsische Motivation der Eltern unterwandert.

Vorsprachliche Objektspiele

Beim Menschen sind Objekte schon von Anfang an in einen kulturellen Kontext eingebettet, der die spielerische Eltern-Kind-Kooperation anregt. So kann ein Elternteil beispielsweise die Hand eines Kleinkindes führen, das mit einem Löffel spielt. Die Bewegungssteuerung des Kindes erhält eine neue Richtung, wenn der Löffel so geführt wird, dass er mit der Öffnung nach oben waagerecht gehalten wird. Dadurch ändert sich allmählich die neuropsychologische Struktur der Tätigkeit des Kindes: Neue Ebenen der Bewegungssteuerung treten in den Vordergrund und andere treten in den Hintergrund.

Solche Objektspiele in der Zone der nächsten Entwicklung können nur gelingen, wenn die Aktivität des Kindes nicht unterdrückt wird. Denn die Aktivität des Kindes selbst ist es ja, aus der die notwendigen Korrekturmechanismen hervorgehen sollen. Nur indem das Kind den Eingriff des Erwachsenen in die eigene Bewegungssteuerung als willkommene spielerische Abwechslung erlebt, kann es das neue Handlungsziel in seine eigene Bewegungssteuerung einbauen. Im Falle eines gelungenen Objektspiels macht sich das Kind das neue Ziel zu eigen, wiederholt die neu erlernte Bewegung zunehmend selbstständiger und greift kleine Hilfen dankbar auf.

Bei Kindern im V. Stadium der sensomotorischen Entwicklung ist das gedankliche Festhalten eines Objekts als Vorstellung noch unsicher (12–18 Monate). Das zeigt folgendes Piaget-Experiment: Erst zeigt man dem Baby einen Schlüssel und umschließt ihn vollständig mit der Hand. Dann steckt man vor den Augen des Kindes die Hand unter ein Tuch und lässt den Schlüssel darunter liegen. Nun präsentiert man dem Baby die leere Hand. Das Baby wird die Hand hin- und herdrehen und verwundert nach dem Schlüssel suchen. Auf die Idee, ihn unter dem Tuch zu suchen, kommt es in der Regel noch nicht.

Interessanterweise lernen Babys in dieser Phase zwar schon Wörter, die sichtbare Eigenschaften der Objekte bezeichnen. Wörter, die sich auf unsichtbare Bewegungen beziehen, wie zum Beispiel »weg« (für verschwunden), lernen sie erst im VI. Stadium (1½–2 Jahre), wenn die Objektpermanenz sicher vorhanden ist.[6]

Mit 18 Monaten begeistern sich Kleinkinder für Versteckspiele. Guck-Guck-Spiele finden sie unwiderstehlich. Gopnik filmte, wie ein Kleinkind siebzehn Mal hintereinander denselben Ring unter ein Tuch legte und dabei jedes Mal sagte: »ganz weg.« Es ist bemerkenswert, wie das Verschwinden und wieder Hervorkommen von Objekten die Aufmerksamkeit der Kleinkinder fesselt:

> »Bei unseren Experimenten protestieren viele Babys zunächst, wenn wir ihr Spielzeug verstecken. Aber nach zwei oder drei Runden fangen sie selbst an, es zu verstecken, oder sie geben uns das Tuch oder das Spielzeug mit der Anweisung, es erneut zu verstecken. 18-monatige Kinder, die eigentlich gar nicht den Ruf haben, lange bei einer Sache zu bleiben, spielen dieses Spiel sage und schreibe eine halbe Stunde lang.«[7]

Für die Eltern ist das Guck-Guck-Spiel natürlich aus anderen Gründen interessant als für das Baby. Aber immer wenn sich die Spielinteressen von Eltern und Kind treffen, ist das der Idealfall.

Die geteilte Aufmerksamkeit ist übrigens auch für spätere Entwicklungsphasen wichtig. Denken Sie nur an den Erfolg der Sesamstraße, bevölkert mit Fantasiegestalten wie Kermit, Graf Zahl, Grobi, Krümelmonster usw., die als erfolgreichste Fernsehserie für Kinder im Vorschulalter gilt. Einige der sehr subtilen Pointen in dieser Sendung können die von Ernie und Bert begeisterten Vorschulkinder noch gar nicht verstehen. Der Erfolg dieser Sendung beruht also nicht zuletzt auch darauf, dass sie generationsübergreifende Interessen anspricht.

Zeigegesten und Gebärdensprache

Piaget hatte sich in seiner Beschreibung des Übergangs vom Übungsspiel zum Symbolspiel vor allem auf die Objektpermanenz konzentriert. Mit Objektpermanenz meint Piaget das gedankliche Festhalten eines Objekts, auch wenn es nicht mehr wahrnehmbar ist (oder einer Person, die den Raum verlassen hat). Kurzfristig gelingt das schon Säuglingen im Alter zwischen sechs bis acht Monaten, dauerhafter erst am Ende des ersten Lebensjahres.

Die Säuglingsforscherin Sabina Pauen beschreibt ihre Untersuchungsergebnisse wie folgt: »Nimmt man das Suchverhalten von vollständig versteckten Objekten als Kriterium, dann ist *Objektpermanenz* über mehr als fünf Sekunden hinweg nicht vor Ende des ersten Lebensjahres nachweisbar.

Verlangt man vom Kind, dass es Ortswechsel des gesuchten Objekts mit repräsentiert und beim Suchen das Sehen und Greifen korrekt integriert, so muss man bis zum zweiten Lebensjahr warten, ehe entsprechende Aufgaben souverän gelöst werden können.«[8]

Die Objektpermanenz ist eine wichtige Hilfe bei der Raumorientierung, beim Erfassen von Anzahlen und bei der Berücksichtigung von Ursache-Wirkungs-Zusammenhängen. Sie beruht auf mentalen Bildern. Solche mentalen Bilder sind experimentell bei vielen Säugetieren und Vögeln nachgewiesen, zum Beispiel bei Schimpansen, Orang-Utans, Delfinen, Krähen und Graupapageien. Aber auch Oktopusse und möglicherweise sogar einige wenige Spinnen- und Insektengattungen verfügen ansatzweise über Objektpermanenz.

Eine wichtige Fähigkeit, die ausschließlich beim Menschen dazukommt, hat Piaget jedoch unzureichend gewürdigt. Der Anthropologe Michael Tomasello beschreibt sie so:

> »In den Monaten um ihren ersten Geburtstag herum, noch bevor sie ernsthaft mit dem Spracherwerb beginnen, fangen die meisten Kleinkinder in der westlichen Kultur an, Zeigegesten zu verwenden, wobei es einige Belege dafür gibt, dass es sich hier um ein über die Kulturgrenzen hinweg weitverbreitetes, wenn nicht universelles Muster handelt.«[9]

Zeigen ist eine Aufforderung zur geteilten Aufmerksamkeit, eine wichtige Vorform der unmittelbaren Bejahung (oder Verdoppelung) einer unmittelbaren Wahrnehmung: »Guck mal, siehst du das!« Tomasello beobachtete kommunikative Zeigegesten bei Kindern schon im Alter von 11–14 Monaten (nach Piaget Stadium IV–V).

Beispiele: auf ein Fenster zeigen, damit es geöffnet wird; auf die Tür zeigen, weil der Papa vorhat, das Haus zu verlassen; auf ein Glas zeigen, das mit Wasser nachgefüllt werden soll; in die Richtung des Geräuschs eines nicht sichtbaren Flugzeugs zeigen, um die anderen darauf aufmerksam zu machen; auf einen Weihnachtsbaum zeigen, um Begeisterung auszudrücken; auf eine Stelle am Tisch zeigen, wo die Mutter den Kinderstuhl hinstellen soll usw.[10]

Das Zeigen hebt Unauffälliges hervor und fokussiert die Sinne. Es ist ein mächtiges Werkzeug zur Selbststeuerung der Aufmerksamkeit. Den Babys geht es jedoch nicht nur darum, etwas haben zu wollen. Sie wollen offensichtlich auch schon sehr früh die Aufmerksamkeit der Erwachsenen auf gemeinsame Themen lenken.

Inzwischen gibt es sogar Kurse in kindgerechter Gebärdensprache für hörende Babys. Die gerade einmal ein halbes Jahr alten Säuglinge beginnen, mit Handzeichen Bedürfnisse auszudrücken, noch bevor sie die Lautsprache erlernen. Bis zu fünfzig (und oft sogar mehr) verschiedene Zeichen können Babys in solchen Kursen erlernen.

Die Gesten sind aus der Gebärdensprache abgeleitet und an die Motorik der Babys angepasst. Zu einem Zeichen für »ja« gesellt sich auch schon ein Zeichen für »nein«. Wie die Programmierung von Computern immer wieder verdeutlicht: Das Switchen zwischen einem digitalen »nein« und »ja«, in Computern dargestellt mit null und eins, ist für die Steuerung differenzierter Abläufe ein leistungsfähiges Werkzeug. Dies gilt natürlich auch für soziale Systeme.

Um den ersten Geburtstag herum legen die Babys dann mit ihrer Zeichensprache so richtig los. Es ist faszinierend anzuschauen, wie die Kleinen ihren Eltern unmissverständlich vermitteln, was sie sich wünschen und was nicht. Das ist also schon etwa ein Jahr, bevor sie sich in Lautsprache verständlich machen können. Die Baby-Handzeichen dienen in solchen Kursen nur als Übergang. Mit zunehmender Entwicklung der Lautsprache werden die Gebärden dann durch Worte ersetzt. Was bleibt, ist die Fähigkeit des Gebrauchs abstrakter Superzeichen wie »ja« und »nein«.

In seinem Werk *Seeing Voices* (mit dem deutschen Titel *Stumme Stimmen*) hat der New Yorker Neuropsychiater Oliver Sacks (*1933) begründet, warum Gebärdensprache eine echte und vollkommene Sprache ist – auch wenn sie für Ungeübte nur wie Pantomime erscheinen sollte:

> »Wir sehen […], dass sich die Gebärdensprache auf allen Ebenen – auf der lexikalischen, der grammatischen und der syntaktischen Ebene – den Raum linguistisch zunutze macht, und diese Nutzung ist unglaublich komplex, denn vieles, was die Lautsprache linear, sequentiell und in zeitlicher Abfolge ausdrückt, wird in der Gebärdensprache zu etwas Gleichzeitigem, Gleichberechtigtem, Vielschichtigem.«[11]

Unabhängig davon, ob es sich um Gebärdensprache oder Lautsprache handelt, können wir mit Sacks resümieren:

> »Wir beginnen mit dem Dialog, mit einer Sprache, die äußerlich und sozial ist, aber dann müssen wir, wenn wir denken, wenn wir ›wir selbst‹ werden wollen, zu einem Monolog, zur inneren Sprache, übergehen. Die innere Sprache ist ihrem Wesen nach solitär, sie ist gänzlich unerforscht und der Wissenschaft, schreibt Wygotski, so unbekannt wie die Rückseite des Mondes.«[12]

Das Licht, mit dem wir diese »Rückseite des Mondes« am besten ausleuchten können, ist ein Verständnis für die sozialen Sprachspiele vor – während und nach der Symbolspielphase. Dies ahnte auch schon der Philosoph Ludwig Wittgenstein (1889–1951) in seinen *Philosophischen Untersuchungen*, als er schrieb: »Ich werde auch das Ganze: der Sprache und der Tätigkeiten, mit denen sie verwoben ist, das ›Sprachspiel‹ nennen.«[13]

Von Menschenaffen und Menschenkindern

Die Entwicklungspsychologin Esther Herrmann vom Max-Planck-Institut für evolutionäre Anthropologie in Leipzig testete 105 zweieinhalbjährige Kinder (52 Jungen und 53 Mädchen; Altersdifferenz: plus/minus zwei Monate). Als Vergleichsgruppe dienten ihr 106 Schimpansen (53 Männchen und 53 Weibchen, Durchschnittsalter: 10 Jahre) und 32 Orang-Utans (17 Männchen und 15 Weibchen, Durchschnittsalter: 6 Jahre).[14]

Ihre Fragen waren: Gibt es Unterschiede zwischen Menschenaffen und Kindern beim Lösen von Problemen? Welche Rolle spielen dabei soziale Zeichen?

Zu den Tests gehörten zum Beispiel auch Hütchenspiele, die auf Piaget-Experimente zur Objektpermanenz zurückgehen: Unter einem von drei farbigen Bechern verbarg sich jeweils entweder ein kleines Spielzeug für die Kinder oder eine halbe Erdnuss für die Affen. In einigen Versuchen verschob man die Becher vor den Augen der menschlichen und tierischen Probanden, in anderen verdrehte man gleich das ganze Brett, auf dem die Becher standen. Dazu kamen noch weitere Aufgaben, bei denen ein Werkzeug einzusetzen war, und Tests, in denen Anzahlen zu ermitteln waren.

Ab und zu gab es Hilfsangebote: Vorführungen des Lösungsweges, hinweisende Blicke oder Fingerzeige, zum Beispiel unter welchem der Hütchen die Belohnung versteckt war. Ergebnis: In der Raumorientierung, im Erfassen von Anzahlen sowie bei der Berücksichtigung von Ursache-Wirkungs-Zusammenhängen sind Menschenaffen und Kleinkinder nahezu ebenbürtig. Sowohl Kinder als auch Schimpansen lösten zirka 68 Prozent der Testaufgaben. Fast 60 Prozent schafften Orang-Utans.

Beim Hütchenspiel waren die Schimpansen den Zweieinhalbjährigen oft sogar überlegen. Die Kinder konnten dafür viel besser Fingerzeige und Blickrichtungen deuten und als Lösungshilfe nutzen.

Auch in der Nachahmung waren die Menschenkinder deutlich besser als die Affen: Sie lösten etwa 75 Prozent dieser Aufgaben, die Affen nur 33 Prozent. Menschen sind also schon im zarten Alter von zweieinhalb Jahren unschlagbar in der Nutzung von sozialer Hilfe sowie im Deuten eines Fingerzeigs oder Augenzwinkerns.

Auch an dieser Studie wird deutlich, dass man in entwicklungspsychologischen Studien nicht an Piaget vorbeikommt. Schließlich gehen ja die Experimente mit dem Hütchenspiel auf seine Untersuchungen zur Objektpermanenz bei Babys und Kleinkindern zurück.

Es ist also nicht weit her mit dem sprichwörtlichen Nachäffen von Menschenaffen. Im Faktencheck hinken Affen in ihrer Fähigkeit zur Nachahmung im Vergleich zu Menschenkindern erheblich hinterher. Im Prinzip kann man dieses Ergebnis der Vergleichsstudie als späten Triumph Wygotskis werten.

Lernen durch Erfolgsrückmeldungen nach dem Skinner-Modell ist bei freilebenden Affenarten längst bekannt, aber auch erste Ansätze für Perspektivwechsel und generationsübergreifende Traditionen des Werkzeuggebrauchs. Der Verhaltensforscher Frans de Waal (*1948) an der Emory University (Atlanta) fand heraus: Kapuzineraffen begegnen ihrem Spiegelbild gelegentlich freundlicher als Fremden. Aber nicht alle Affenarten erkennen ihren eigenen Körper im Spiegel. Schimpansen jedenfalls können das.[15] In der Obhut von Menschen können sie darüber hinaus auch Fähigkeiten erwerben, die sie in Freiheit nicht oder nur in geringem Maße zeigen. Zu solchen Fähigkeiten gehören bei Schimpansen ansatzweise die geteilte Aufmerksamkeit, das Imitationsverhalten mit nahezu dem ganzen Körper, der Gebrauch von Symbolverbindungen usw.

Zur Erklärung der Differenz zwischen wild lebenden und zahmen Affen greift der kanadische Psychologe und Neurowissenschaftler Merlin Donald (*1939) Wygotskis Theorie von der Zone der nächsten Entwicklung auf. Er spricht bei Schimpansen sogar von einer »Zone der nächstmöglichen Evolutionsschritte«.[16]

Als Beispiel führt er das Autocuing (von engl. »cue« = »Stichwort«, »Fingerzeig« und griech. »auto« = »selbst«) an. Gemeint ist die Fähigkeit, sich selbst Stichwörter zu geben, um willentlich Erinnerungen abzurufen oder nach passenden sprachlichen Formulierungen zu suchen. Da sind sie wieder: die Selbstgespräche – erst als laute kollektive Monologe im Symbolspiel, später als leise innere Monologe.

Donald erklärt das so:

> »Menschenaffen können sich somit nur ganz bestimmte Arten von Symbolsystemen aneignen. Gebärdensprache einzusetzen fällt ihnen schwerer, als wenn sie auf einer Tafel auf vorgegebene Symbole zeigen können; das Zeigen erfordert nicht so viele intern initiierte, ›selbstausgelöste‹ Reaktionen. Menschen könnten keinen größeren Wortschatz erwerben

und verwenden, wenn sie nicht imstande wären, unter Tausenden von Wortformen in ihrem Gedächtnis in Sekundenbruchteilen genau die aufzufinden, die sie zum Bilden eines Satzes brauchen. Das Autocuing ist eine Vorbedingung jeder Art von Sprache, selbst der allerprimitivsten. Es ist bei Primaten nur selten anzutreffen, liegt aber bei Schimpansen und Bonobos in der Zone der nächstmöglichen Evolutionsschritte.«[17]

Die Einübung des Autocuings könnte die evolutionäre Bedeutung des Symbolspiels erklären. Piaget und Wygotski hätten dann also Recht gehabt: Das Symbolspiel ist eine wichtige, oft unterschätzte Bedingung für den Spracherwerb!

Wie im letzten Kapitel ausgeführt, geht das Symbolspiel bei Schimpansen in freier Wildbahn kaum über symbolische Angriffsspiele oder das Wiegen eines Stöckchens wie eine Babypuppe hinaus. Bei Menschenkindern füllt das Symbolspiel einen großen Teil ihrer frühen Kindheit aus. Der Pädagoge Ulrich Heimlich schätzt, dass Kinder in den ersten sechs Lebensjahren etwa 15.000 Stunden spielen.[18] Die ersten Voraussetzungen dafür schaffen die frühen sozialen Objektspiele der Säuglinge, wie die letzten beiden Abschnitte zeigen. Der nächste Abschnitt widmet sich der Zone der nächsten Entwicklung der Objektspiele, den Symbolspielen.

Sujet- und Rollenspiele

Das Thema der Darstellung (Sujet) und die gespielte Rolle sind beim Mutter-Kind-Spiel einer Schimpansin untrennbar miteinander verbunden. Das Sujet »Baby« verändert in der Fantasie die Bedeutung des Stöckchens, und die Rolle »Mutter« gibt dem Verhalten eine neue Bedeutung. Worauf die Schimpansin den Fokus ihrer Aufmerksamkeit richtet, muss offen bleiben: Malt sie sich in der Fantasie ein kleines Affenbaby aus? Dann wäre es ein elementares Sujetspiel. Träumt sie sich jedoch selbst als Affenmutter und erwartet von anderen Affen, als solche respektiert zu werden, dann wäre es schon ein komplizierteres Rollenspiel.

Die Unterscheidung zwischen einem elementaren Sujetspiel und einem komplexeren Rollenspiel geht auf den russischen Spielforscher, Pädagogen und Psychologen Daniil Elkonin (1904–1984) zurück. Er war ein Mitarbeiter Wygotskis.

Elkonin charakterisiert das Spiel älterer Kinder so: »Diese Kinder einigen sich gewöhnlich über die Rollenverteilung und entfalten das Sujet dann im

Spiel nach einem bestimmten Plan.«[19] Der Einfachheit halber bezeichne ich diesen Spieltyp als Rollenspiel, weil sich die Aufmerksamkeit im Spiel auf die eigene, von den anderen unterschiedene Rolle richtet.

Dem elementareren Sujetspiel jüngerer Vorschulkinder fehlt diese Reflexion der eigenen Rolle: »Ein in Hinblick auf das Sujet analoges und mit denselben Gegenständen sowie in derselben Situation durchgeführtes Spiel kleinerer Kinder ist wesentlich anders. Sie sehen sich zunächst das Spielzeug an, wählen dann aus, was ihnen am besten gefällt, und beginnen damit individuell zu manipulieren.«[20]

Wygotski führt folgendes Beispiel an:

> »Ein zweijähriges Kind umsorgt ganz zwanglos eine Puppe. Es vermag mit der Puppe das zu vollziehen, was die Mutter oder die Kinderfrau mit ihm tut. Es deckt die Puppe zu, füttert sie und setzt sie sogar aufs Töpfchen. Interessant dabei ist jedoch Folgendes: Das Kind stellt sich nicht vor, die Puppe sei seine Tochter, und es selbst sei die Kinderfrau oder die Mutter.«[21]

Sujetspiel ist für Wygotski das Spiel *an sich*.[22] Das Kind spielt zwar, aber reflektiert noch nicht seine eigene Rolle im Spiel. Diese Rolle besitzt es nur *für andere*.

Diese Form des Spiels bezeichnet der Pädagoge Ulrich Heimlich als »Fantasiespiel«[23] und der Entwicklungspsychologe Rolf Oerter als »Parallelspiel«.[24] Letztere Bezeichnung ist eine Anspielung auf das kollektive Monologisieren.

Trotz der Unterscheidung dieser beiden Phasen benutzte Elkonin den Begriff »Sujetspiel« etwa analog zum Begriff »Symbolspiel« bei Piaget. Ich habe mir angewöhnt, Symbolspiel als Oberbegriff für beide Spielphasen zu verwenden. Sowohl Rolle als auch Sujet haben ja symbolischen Charakter. Für die erste Phase des Symbolspiels nutze ich den Begriff »Sujetspiel« in einem engeren Sinne als Elkonin und für die zweite Phase im Einklang mit Oerter und Heimlich den Begriff »Rollenspiel«.

Die Psychologin Lia Slawina (1906–1988), eine Mitarbeiterin Wygotskis, berichtet folgendes Beispiel: Olja, ein vierjähriges Mädchen, beschäftigt sich über eine Stunde und zwanzig Minuten damit, in einer Puppenspielecke Klötzchen auf Tellerchen zu verteilen. Sie nahm jeweils ein Klötzchen aus dem Eimer und legte es auf das oberste Tellerchen eines Stapels. Das Tellerchen stellte sie auf den neben ihr stehenden, freien Stuhl. Nachdem sie über 40 Teller in dieser Weise umgeräumt hatte, begann sie in der gleichen methodischen Weise, von jedem Tellerchen das Klötzchen zu nehmen, es in den Eimer zurückzuwerfen und die Teller wieder zu stapeln.

Ljussja, ebenfalls vier Jahre, spielte die ganze Zeit in ähnlicher Weise in derselben Spielecke neben Olja, die ihr den Rücken zudrehte.

Auf die Frage Slawinas: »Was spielt ihr denn?«, antwortete Lussja: »Kindergarten.«

»Und wer bist du?«, lautete die nächste Frage der Psychologin.

»Ich bin die Leiterin«, antwortete Ljussja.

»Und du?«, wendete sich die Psychologin an Olja.

»Ich auch«, antwortete diese.[25]

Dieses Beispiel zeigt: Das Wesen des Sujet-Spiels besteht darin, Objekten in der Fantasie eine andere Bedeutung zu verleihen. Dieses Spiel wirkt monologisch, weil das Kind gedanklich noch im Wir einer imaginierten Gemeinschaft aufgeht. Das Wesen des Rollenspiels besteht dagegen in der bewussten Abgrenzung des Ichs von der Gemeinschaft: »Ich bin die Leiterin des Kindergartens!«

Dieses kleine Beispiel illustriert, wie schon allein das Interesse der Erwachsenen am Spiel der Kinder einen Einfluss in die Richtung der Zone der nächsten Entwicklung ausüben kann. Eine vorbereitete Umgebung und Zurückhaltung in der Beobachtung (wie in der Montessori-Pädagogik) sind das eine. Das andere sind aber auch das interessierte Nachfragen und das Geben von Stichworten. Sie sind eine wichtige Ergänzung der Montessori-Methode und können oft viel mehr bewirken als jede Form der Bevormundung.

Empirische Untersuchungen zeigen, dass kurze Kommentare beim Spiel wie »Du fütterst das Kind wie eine Mutti«, »Du machst das Kind wie ein Doktor wieder gesund« und kurze Kommentare im Nachhinein, wie zum Beispiel »Du hast wohl Kraftfahrer gespielt« den Kindern eine immense Hilfe beim Übergang vom Sujet- zum Rollenspiel sein können.[26]

Im Sujetspiel haben Kinder eine Drehung um 180 Grad vollzogen: Früher forderten die Dinge auf, das passende Wort zu sagen. Man zeigte ihnen beispielsweise ein Gummientchen, und das Kind sagte spontan »Ente«. Im Sujetspiel ist es dann genau umgekehrt: Das Kind sagt »Ente«, greift sich einen Baustein, bewegt ihn wellenförmig in der Luft und schnattert dazu »gack gack«.

Der Aufforderungscharakter der vorgestellten Wortbedeutung ist jetzt stärker als der Aufforderungscharakter des wahrgenommenen Objektes. Der Vektor vom Ding zum Wort (Gegenstand → Bedeutung) kehrt sich um in den Vektor vom Wort zum Ding (Bedeutung → Gegenstand).[27]

Später im Rollenspiel erfolgt eine ähnliche Drehung um 180 Grad: »Wichtig ist, sich vor Augen zu führen, wie sich das Kind im Spiel befreit«, schreibt Wygotski,

»wenn aus dieser Handlung anstelle einer realen, zum Beispiel der Handlung des Essens, eine Fingerbewegung wird, das heißt, wenn die Handlung nicht um der Handlung willen ausgeführt wird, sondern um der Bedeutung willen, die sie bezeichnet. Beim Vorschulkind herrscht die Handlung anfangs über ihre Bedeutung. Das ist darauf zurückzuführen, dass diese Handlung nicht völlig verstanden wird. Das Kind vermag mehr zu tun, als zu verstehen.«[28]

Dies lässt sich nach meinen Untersuchungen verallgemeinern. Dem entwicklungsfördernden Spiel liegt immer ein Überschuss an Handlungsmöglichkeiten aus der vorangegangenen Spielphase zugrunde, über den sich das Kind in der nächsten Spielstufe einen Überblick verschafft.

Im Rollenspiel ist der Aufforderungscharakter der Bedeutung einer Handlung (Beispiel: Zugfahren) stärker als der Aufforderungscharakter der realen Handlung (Beispiel: in einer Stuhlreihe im Kinderzimmer sitzen). Auch hier dreht sich der Vektor um 180 Grad: Erst stimulierte die Handlung die Suche nach dem passenden Wort für ein Tun (Handlung → Bedeutung). Nun löst das entsprechende Wort die Spielhandlung aus (Bedeutung → Handlung): »Pudding essen!« (obwohl der Teller leer ist), »Zugfahren!« (obwohl das Kind nur eine Reihe von Stühlen zur Verfügung hat). Aus Wörtern werden Sätze: »Ich bin die Lehrerin und unterrichte meine Klasse!« (obwohl nur Puppen und Teddys vor dem Kind sitzen) usw.

In der weiteren Spielentwicklung der Kinder treten immer wieder solche Drehungen um 180 Grad auf. Ehemals blinde Flecken im Handeln werden mithilfe der Fantasie kartiert. Dabei wechseln sich Spielphasen in einer logischen Reihenfolge ab: Vom Objektspiel über das Sujetspiel gelangen die Kinder zum Rollenspiel. Danach folgen im Schulalter Regel-, Wett- und Ernstspiel.

› **Zusammenfassung:**

Erwachsene können der Fantasie von Kindern sprichwörtlich Flügel verleihen, wenn sie ihnen praktische und verbale Hilfen für Spiele in der Zone der nächsten Entwicklung anbieten. Dies ist an sich keine Bevormundung, weil Spiele beim Menschen immer schon in einen kulturellen Kontext eingebettet sind. Aber auch hier gilt: Weniger ist mehr! Letztendliches Ziel der Hilfen sollte immer die zukünftige Selbstständigkeit der Kinder sein.

> **Reflexion:**
>
> Beobachten Sie sich selbst bei ausgewählten Alltagshandlungen und kommentieren Sie diese laut. Welche Auswirkungen auf das Reflexionsniveau dieser Alltagshandlungen können Sie beobachten?

> **Beobachtung:**
>
> Fragen Sie spielende Kinder nach der Bedeutung ihrer Spielgegenstände und der Rolle, die sie in ihrem Spiel einnehmen. Welche Auswirkungen haben Ihre Fragen auf das Spielverhalten?

Die Übergänge von der einen Zone der Entwicklung zur nächsten Spielstufe lassen sich anschaulich als eine Form von Kippbildern darstellen. Nehmen wir als Beispielobjekt eine Spielgabe Fröbels: den Ball. Anfänglich hat ein Säugling Freude an Kreisreaktionen, die ein Ball auslöst: den Ball zum Mund führen (primäre Zirkulärreaktion), den Ball fallen lassen (sekundäre Zirkulärreaktion) und endlich den Ball werfen und interessiert seine Flugbahn beobachten (tertiäre Zirkulärreaktion).

Mit der Objektpermanenz beginnt auch ein Ball, der hinter einen Vorhang gerollt sein sollte, die Aufmerksamkeit des Kleinkindes zu fesseln. Noch später lernt es, die Bedeutung des Balls symbolisch auch auf andere Gegenstände zu übertragen: Es wirft ein Kissen wie einen Ball oder tritt gegen eine Blechdose wie gegen einen Ball.

In der nächsten Phase kommt das Rollenspiel dazu: Das Kind präsentiert sich mit dem Ball als Requisit stolz als Kindergärtnerin, Fußballidol, Turnerin, Zirkusclown oder was auch immer. Für das beginnende und späte Schulalter typische Kippbilder in Zonen der weiteren Entwicklung sind: das strenge Einhalten der Regeln bei Ballspielen (Regelspiel), das Kämpfen um den Ball in Mannschaftsspielen (Wettspiel) – und schließlich die Teilnahme an Ballspielturnieren vor einem echten Publikum (Ernstspiel).

Der Ball ist natürlich ein willkürlich gewähltes Beispiel, das stellvertretend für alle denkbaren kulturellen Werkzeuge steht. Die Spieltheorie verallgemeinert die Verlagerung der intrinsischen Motivation in der Spielentwicklung, um gezielte pädagogische Hilfen in der Zone der nächsten Entwicklung anbieten zu können.

Die Fähigkeit zum Übergang zur nächsten Spielstufe bezieht das Kind wie gesagt aus einem Überschuss an Handlungsmöglichkeiten, der sich in der vorausgegangenen Entwicklungsphase angesammelt hat. Die folgende

Tabelle listet mögliche ontogenetische Übergänge von einer Spielform zur nächsten auf:[29]

Spielform/ Beginn	Zone der aktuellen Entwicklung	Zone der nächsten Entwicklung
Objektspiel Überschuss an Bewegungsmöglichkeiten / sensomotorisches Stadium (ca. 8–12 Monate)	Der Fokus der Aufmerksamkeit liegt auf der Ersetzbarkeit der Funktionen von Objekten.	Der Fokus der geteilten Aufmerksamkeit liegt im Zeigen und Benennen von Objekten und Handlungen.
Sujetspiel Überschuss an bekannten Objekten / sensomotorisches Stadium (ab ca. 1½–2 Jahren)	Der Fokus der Aufmerksamkeit liegt auf der Ersetzbarkeit der Bedeutungen von Objekten.	Der Fokus der geteilten Aufmerksamkeit liegt im Benennen und Vorführen von sozialen Rollenmustern.
Rollenspiel Überschuss an Bedeutungen / anschauliches Denken (ab ca. 4 Jahren)	Der Fokus der Aufmerksamkeit liegt auf der Ersetzbarkeit der Rollen von Personen.	Der Fokus der geteilten Aufmerksamkeit liegt im Absprechen von Regeln und der Kontrolle ihrer Einhaltung.
Regelspiel Überschuss an Mustern/ konkrete Operationen (ab ca. 7 Jahren)	Der Fokus der Aufmerksamkeit liegt auf der Ersetzbarkeit von Regeln.	Der Fokus der geteilten Aufmerksamkeit liegt in der Formulierung von Wettbewerbszielen und Hypothesen.

Klassische Entwicklungstabellen, wie etwa die linke Spalte, die Piagets Entwicklungsstufen entspricht, haben den Nachteil, dass sie sich am chronologischen Alter orientieren. Dies fördert den kontraproduktiven Entwicklungswettbewerb, dem Kinder oft ausgesetzt sind. Eltern erleben ihn beispielsweise, wenn sie auf dem Kinderspielplatz angesprochen werden: »Ihr Kind spricht noch nicht in ganzen Sätzen! Wie alt ist es denn?«

Die mittlere und rechte Spalte haben den großen Vorteil, dass sie vom diagnostisch ermittelten Spielalter aus gelesen werden können. Angaben zum chronologischen Alter sind im Prinzip verzichtbar. (Bei diesen Angaben handelt es sich ja sowieso um Durchschnittswerte, die im Einzelfall nur Pi mal Daumen gelten können.)

Das stressfreie, längere Durchlaufen einer Entwicklungsphase muss nicht in jedem Falle ein Zeichen für Lernschwierigkeiten sein. Spätentwickler zeigen nicht selten auch besondere Begabungen, die sie aus einer intensiveren Beschäftigung in ihren Spielphasen schöpfen. Extreme Beispiele sind die sensomotorischen Inselbegabungen bei einigen Menschen. Meist gehen diese Begabungen mit Autismus einher. Menschen mit Trisomie 21 (Down-Syndrom) zeigen nicht selten Begabungen im Rollenspiel und der Gestaltwahrnehmung.

Für die Entwicklung von pädagogischen Ideen in der Zone der nächsten

Entwicklung, wenn Verhaltensprobleme oder Lernschwierigkeiten vorliegen, hat es sich bewährt, statt vom chronologischen Alter vom aktuellen Spielalter auszugehen. Seit Anfang 1994 leite ich an der Universität Hamburg eine Beratungsstelle für Eltern, Erziehende, Lehrende in pädagogischen Einrichtungen sowie Menschen mit Lern- und Verhaltensschwierigkeiten. Aus den Beratungssituationen sind mittlerweile mehr als 250 wissenschaftlich dokumentierte Projekte der Spieldiagnostik und Spielförderung hervorgegangen.

Da der Phasenübergang bei den meisten Kindern blitzschnell erfolgt, bieten uns Kinder mit Entwicklungsverzögerungen die ideale Gelegenheit, diese Übergänge in Zeitlupe zu dokumentieren. In den Projekten zur Spielförderung erweisen sich die Erkenntnisse als sehr hilfreich, die Montessori, Lewin und Wygotski an Kindern mit Lernschwierigkeiten gewonnen hatten und die in Teil 1 und 2 dargestellt wurden. (Übrigens: Ich genieße es, nun auf umgekehrtem Wege diese Erkenntnisse an Kinder zur Überwindung ihrer Lernschwierigkeiten weitergeben zu können.)

Bei der Diagnose der aktuellen Spielentwicklung ist allerdings zu beachten, dass es nicht um die Häufigkeit einer Spielform geht, sondern um die Spielform, die den größten Beitrag zur geistigen Entwicklung des Kindes leistet. Nach Wygotski ist »[…] das Spiel unter dem Gesichtspunkt der Entwicklung nicht die dominierende beziehungsweise überwiegende Tätigkeitsform, sondern in gewissem Sinne die führende Entwicklungslinie im Vorschulalter.«[30]

Die Suche nach führenden Entwicklungslinien macht die Diagnostik der Spielentwicklung alles andere als einfach. Vorschläge, wie sich dieses diagnostische Problem lösen lässt, werden Sie im nächsten Kapitel finden.

Trotzig oder selbstbewusst?
Spielstufen und Übergänge

Beziehungskommunikation

Ein mit Spielzeugwaffen um sich schießendes Kind kann auf Erwachsene mit dem festen Willen zur Friedenserziehung sicherlich sehr verstörend wirken. Doch vielleicht drückt das Kind damit auf seine Weise nur den Wunsch aus, etwas mehr respektiert zu werden. Dies ist kein seltenes Motiv des Rollenspiels. (Außerdem hat es gesundheitlich durchaus positive Aspekte, wenn Kinder ihre Rivalitäten nur auf symbolischer Ebene austragen.)

Nach Winnenden und Erfurt sehen manche Erwachsene rot, wenn sie Kriegsspielzeug sehen. Zur Beruhigung: Unter meinen ehemaligen Studierenden gab es einige, die in DDR-Kindergärten begeistert mit NVA-Panzern gespielt hatten und später, aufgrund ihrer Neigung zur Gewaltlosigkeit, lieber Zivildienst leisteten. Es gibt also keine gerade Verbindungslinie vom kindlichen Rollenspiel zum Amoklauf.

Nimmt man einem Vorschulkind jedoch sein Spielzeugwaffenarsenal weg, wird es sich vielleicht ein Spielzeuggewehr aus Legobausteinen oder Ästen basteln. Spielbedürfnisse erscheinen manchmal wie ein Zwang, gegen den kein Kraut gewachsen ist. Erzieherische Einwirkungen dagegen sind meist nervenaufreibend und fruchtlos. Im Übergang vom Sujet- zum Rollenspiel können gerade verbotene Spiele einen starken Aufforderungscharakter entwickeln.

In dieser Phase des Vorschulalters kann es auch passieren, dass Eltern ihren Sohn oder ihre Tochter nicht mehr wiedererkennen. Sie fragen besorgt: Was ist nur mit meinem sonst immer so folgsamen und niedlichen Kind passiert? Hat es sich etwas in den Kopf gesetzt, hält es stur daran fest, obwohl es offensichtlich darunter leidet.

Das Kind widerspricht nur, um zu widersprechen. Sage ich: »Komm mit, wir gehen!«, verschränkt es die Arme, senkt den Kopf und verkündet kategorisch: »Nein, ich bleibe hier!« Sage ich: »Na gut, dann bleibst du eben hier«, stampft es mit dem Fuß auf und brüllt: »Nein, ich will aber nicht hier bleiben!« Das Kind lehnt sogar seine Lieblingsspeise ab. Wenn ich sage: »Du wirst mir noch verhungern!«, antwortet es: »Na und!« Schon 1921 beobachtete der Psychologe William Stern: »Der Affekt des Trotzes kann zuweilen so heftig werden, dass er sich selbst gegen ein so starkes Elementarmotiv wie die Essbegier durchsetzt.«[31]

Offensichtlich beginnen die Kinder, Einfluss auf die Beziehungskommunikation in ihrer Familie zu nehmen. Im Gegensatz zur Inhaltskommunikation definiert Beziehungskommunikation die Rolle einer Person in der Gemeinschaft. Beispiel: »Ich finde zwar, dass du Recht hast, aber mich nervt, dass du immer alles bestimmen willst.«

Dies wäre ein Beispiel für explizite Beziehungskommunikation. Meistens ist sie jedoch implizit. Sie drückt sich beispielsweise in Mimik und Gestik aus. Der angloamerikanische Anthropologe und Kybernetiker Gregory Bateson (1904–1980) schreibt über Beziehungsbotschaften: »Solche Botschaften werden vom Strom der verbalen Kommunikation getragen, und alle Botschaften und ihre Kodierung bestimmen solche Aspekte wie Rolle und Status [...].«[32]

Zum Beispiel entscheiden Mimik und Gestik über die Bedeutung des Ausrufs: »Das hast du ja mal wieder toll gemacht!« Aber auch Mimik und Gestik sind oft zweideutig: Lächeln kann freundliche Zugewandtheit, aber auch ironische Distanz ausdrücken. Eine geballte Faust kann Mut machen wollen, aber auch eine Drohung sein. Das Streicheln über den Kopf kann Herablassung ausdrücken, aber auch Anerkennung usw. Kein Wunder, dass Zwei- bis Vierjährige damit schnell überfordert sind.

Bateson schreibt:

> »Außerdem sind alle Hinweise, die Status und Rolle definieren, metakommunikativ, da der Empfänger einer jeden Botschaft und in seinen sich daraus ergebenden Handlungen von seiner Sicht der relativen Rollen und dem Status zwischen ihm selbst und dem Sprecher geleitet wird.«[33]

Wenn ich mich über ein Kind beuge und ihm etwas erkläre, lege ich auch gleichzeitig eine komplementäre Rollenverteilung fest, die besagt: Ich weiß Bescheid, weil ich erwachsen bin, du bist ja nur ein Kind. Die Identifikation mit den Eltern ist aber in dieser Entwicklungsphase noch stark von einem Wir-Gefühl dominiert. Diese Identifikation fördert eher eine symmetrische Kommunikation, die wiederum ein ausgeprägtes Konfliktpotenzial besitzt, Bateson betont: »Es ist durchaus möglich, dass zwei Personen sich sehr ähnlich sind, dass aber genau die Punkte, in denen sie einander ähneln, die Ursache wechselseitigen Konflikts sind.«[34]

Dies ist zum Beispiel der Fall, wenn das Kind für sich die gleichen Rechte beansprucht, die es bei den Eltern beobachtet. Bei Einzelkindern ist manchmal zu beobachten, wie sie verzweifelt versuchen, ihren Eltern Vorschriften zu machen und sie ständig zu kontrollieren. Sind Geschwister vorhanden, können in dieser Phase plötzlich Neid und Eifersuchtsattacken auftreten.

In der Literatur findet man für dieses Verhalten den Begriff »Trotzalter«. Rund ein Fünftel aller Kinder zeigen im Alter von zirka zwei bis vier Jahren exzessives Trotzverhalten: Sie schreien wie am Spieß, weil sie nicht weiterspielen dürfen. Sie werfen sich im Supermarkt auf den Boden, weil sie nicht bekommen, was sie wollen. (Natürlich immer gerade dann, wenn für die Eltern die Zeit knapp ist, alle Blicke auf sie gerichtet sind und gerade kein Elternratgeber zur Hand ist.)

Dieses Verhalten mit dem Begriff »Trotzalter« zu erklären, ist jedoch äußerst unbefriedigend. Wenn jemand wegen seines Schnupfens zum Arzt geht, wäre die Diagnose »Sie haben Schnupfen!« ja auch nicht gerade hilfreich. Zu Recht würde man sagen: »Ja klar, aber warum? Ist es eine Allergie oder eine Virusinfektion?« Sie verstehen, die eigentliche Frage muss lauten: Was steckt hinter dem sogenannten Trotzverhalten?

Die nahezu panisch wirkenden Verhaltensweisen der Kinder erinnern stark an Isolationskrisen, wie sie der Psychologe und Pädagoge Wolfgang Jantzen (*1941) untersucht hat.[35] In diesem speziellen Falle des sogenannten Trotzverhaltens sind Ähnlichkeiten mit der aus der Autismusforschung bekannten Überstimulierung (Reizüberflutung oder *sensory overload*) nur schwer zu übersehen.

Reizüberflutung ist aber auch ein allgemein menschliches Problem. Typische Reaktionen auf Reizüberflutung sind schnelle Ermüdung, Gereiztheit und Aggressivität. Langzeitfolgen sind Halluzinationen, Orientierungsverlust, Hyperaktivität und Konzentrationsstörungen.

Auch die Doppelbindungstheorie von Bateson[36] gibt interessante Hinweise. Diese Theorie wurde im Zusammenhang mit der Erforschung familiärer Kommunikationsstrukturen entwickelt. Eine Doppelbindung beruht auf paradoxen Nachrichten. Sie setzt Personen unter Zugzwang und verunmöglicht gleichzeitig eine Wahl. Eine Doppelbindung bietet nur Scheinalternativen an: Wasch mich, aber mach mich nicht nass! Sei selbstbestimmt! Hilf allen, die sich nicht selbst helfen! Glaube mir nie, denn ich lüge immer! usw.

Wenn ein Kind nicht zugeben will, dass ihm ein Vorschlag eines Erwachsenen gefällt, landet es unversehens in einer Doppelbindung zwischen Inhalts-

und Beziehungskommunikation. Wenn Erwachsene in einer Situation verantwortlich handeln müssen, die Kinder aber jeden ihrer Vorschläge ablehnen, befinden sich diese ebenfalls in einer Doppelbindung.

Doch wieso können auch wohlbehütete Kinder in diesem Alter in eine solche Isolationskrise geraten? Wieso können sich bei Zwei- bis Vierjährigen auf einmal Momente der Reizüberflutung häufen? Wieso geraten Eltern und Kinder in dieser Phase unversehens in Doppelbindungen? Wie hängt das mit dem Übergang vom Sujet- zum Rollenspielalter zusammen?

Trotzreaktionen und Spiel

Der französische Philosoph Jean-Paul Sartre (1905–1980) analysierte die Kindheit des französischen Schriftstellers Gustave Flaubert (1821–1880), der auffällig spät sprechen und schreiben lernte. Später sollte er die Literatur des 19. Jahrhunderts maßgeblich beeinflussen. Während seiner Kindheit war Flaubert (Sartres Recherchen zufolge) auf die Rolle festgelegt, der »Idiot der Familie« zu sein. Die Beziehungskommunikation, auf die er traf, war darauf angelegt, ihn klein zu halten.

Die Beziehung des kleinen Gustave zu seinem Vater, von Beruf Arzt, erklärt Sartre wie folgt:

> »Wenn der philosophische Arzt anfangs du zu ihm sagt, so nimmt das Wort in jenem gebieterischen Mund einen ganz anderen Sinn an: du, der Verantwortliche, du, der mir gehorchen muss und der es folglich auch kann.«[37]

Montessori sieht das Problem so:

> »Der Konflikt zwischen dem Erwachsenen und dem Kind beginnt, sobald sich das Kind so weit entwickelt hat, dass es sich zu betätigen vermag. Bis dahin konnte niemand es völlig daran hindern, zu sehen und zu hören, also seine Welt mit den Sinnen zu erobern.«[38]

An anderer Stelle schreibt sie:

> »Die Kinder helfen gern beim Tischdecken und tragen in den Armen so große Brotlaibe, dass sie ihre Füße nicht mehr sehen können. Sie werden in dieser Tätigkeit, Gegenstände hin und her zu tragen, fortfahren, bis sie müde sind. Im Allgemeinen reagieren Erwachsene darauf, indem sie das Kind von dem Gewicht befreien, aber die Psychologen haben

sich davon überzeugt, dass diese ›Hilfe‹, den Zyklus der vom Kind gewählten Tätigkeit unterbricht, eine der gröbsten Unterdrückungen ist, die begangen werden können. Die Störungen vieler ›schwieriger‹ Kinder können in diesen Unterbrechungen ihre Ursache haben.«[39]

Das Vitamin Montessoris gegen Reizüberflutung sind verantwortungsvolle Aufgaben für die Kinder. Lewin gewinnt Trotzreaktionen zunächst sogar etwas Positives ab:

> »Häufig ist bei Kindern Trotz als ein erstes Zeichen eines *Selbstständigwerdens*, eines sich Durchsetzens gegenüber einem bis dahin übermächtigen sozialen Feld zu beobachten. Bei gedrückten, passiven Kindern besteht das erste erfreuliche Symptom einer Aktivierung häufig in einem Ungezogenwerden.«[40]

Aber Lewin untersuchte auch, wie Kinder mit solchen Überforderungen fertig werden:

> »Wird die Spannungslage […] allzu unangenehm, ohne dass sich ein Ausweg aus der Situation zeigt, so besteht eine starke Tendenz, dadurch aus dem Felde zu gehen, dass man aus der Realitäts- in die Irrealitätsebene flüchtet. Allerdings gelangt man damit nur physisch aus dem unangenehmen Umfeld heraus.«[41]

Das Vitamin Lewins, um festgefahrene Situationen wie Doppelbindungen aufzulösen, ist das Spiel. Es bietet deshalb eine psychologische Lösung, weil es die festen Grenzen zwischen Wahrnehmung und Vorstellung, Lüge und Wahrheit, Traum und Wirklichkeit, Geste und Handlung aufweicht.

Piaget führt einige Beispiele an, wie seine Kinder spielerisch Konflikte verarbeiten. Hier ist ein solches Beispiel: Seine damals drei Jahre und elf Monate alte Tochter Jacqueline bemerkte eine gerupfte Ente auf dem Küchentisch. Die plötzliche Konfrontation mit dem Thema »Tod« ging ihr offensichtlich stärker unter die Haut, als ihre Eltern erwarteten. Am folgenden Tag lag Jacqueline allein und unbeweglich auf dem Sofa in Piagets Büro. Ihre Arme hatte sie fest an den Körper gedrückt und die Beine übereinandergeschlagen. Als Piaget sie fragte, ob sie krank sei, antwortete die fast Vierjährige: »Nein, ich bin die tote Ente.«[42] Piaget unterscheidet in dieser Entwicklungsphase verschiedene Spielanlässe. Sie lassen sich im Wesentlichen in drei Typen aufteilen.

Typ I: Das Kind versucht, »[…] seine individuellen Fähigkeiten frei zu gebrauchen, seine Handlungen zu reproduzieren aus Freude, sich und anderen damit ein Schauspiel zu geben, kurz, sein Ich zu entfalten […]«.[43]

Typ II: Die Kinder imaginieren Gefährten »[…] als wohlwollende Zuhörer oder als Spiegel für das Ich […]«.[44]

Typ III: In kompensatorischen Spielen verarbeiten die Kinder verstörende Erfahrungen, um »[…] die Wirklichkeit an das Ich zu assimilieren und dieses Ich von den Notwendigkeiten der Akkommodation zu befreien«.[45] (Zu letzterem Typ zählt Piaget auch Jacquelines Darstellung einer toten Ente.)

Nach Piaget drehen sich alle drei Typen von Spielanlässen während dieser Phase um das eigene Ich: seine Entfaltung, seine Spiegelung und seine Befreiung. Genau darin sieht Wygotski den Kern der Trotzreaktionen: »Bei allen Symptomen geht es um die Achse ›Ich‹ und die das Kind umgebenden Menschen.«[46] Das Vitamin, das Piaget und Wygotski empfehlen, ist die sensible Berücksichtigung der Krisen, die das Kind in seiner Ich-Entwicklung durchläuft.

Wir können unsere Fragen also schon einmal vorläufig beantworten: Auch wohlbehütete Kinder können in diesem Alter in eine Isolationskrise geraten, weil das wohlige Wir-Gefühl erste Risse bekommt. Zwei- bis Vierjährige beginnen, sich für soziale Zusammenhänge zu interessieren, die sie aber schnell überfordern. Die enge emotionale Eltern-Kind-Beziehung schlittert durch Stärkung des Ich-Gefühls der Kinder in eine Krise. Die Entwicklung des Rollenspiels ist eine konstruktive Antwort der Kinder auf diese Krise. Hier dürfen sie einen Kopf größer sein als sonst und die Vorzüge des Kindseins erleben.

Es ergeben sich jedoch neue Fragen: Auf welchen Erfahrungen speist sich das neue Ich-Gefühl? Was ist das Wesen dieses Ich-Gefühls? Was meinen Zwei- bis Vierjährige, wenn sie »ich« sagen?

Vom Körperselbst zum Ich-Gefühl

»Ich ist ein andrer«, lautet ein berühmter Ausspruch des französischen Dichters Arthur Rimbaud (1854–1891). Geht man davon aus, dass sich das Ich über die Spiegelung in Bezugspersonen entwickelt, müsste es eigentlich heißen: »Ich ist eine andre.« Schließlich ist die erste Bezugsperson für die meisten Menschen die Mutter.

Die amerikanische Entwicklungspsychologin Anna Jean Ayres (1920–1989) prägte den Begriff »sensorische Integration«. Darunter versteht sie eine bestimmte Form der Verarbeitung von Nervenimpulsen, bei der die Körpereigenwahrnehmung (auch Propriozeption oder Tiefensensibilität genannt) eine zentrale integrierende Funktion besitzt.[47]

Als eigenes Sinnesorgan ist die Körpereigenwahrnehmung eine Entdeckung des ausgehenden neunzehnten Jahrhunderts. Von da an sah man in ihr einen eigenständigen sechsten Sinn, neben Sehen, Hören, Tasten, Riechen und Schmecken. Dehnungsrezeptoren in den Muskeln, auch Muskelspindeln genannt, projizieren ein eigentümlich proportioniertes, auf dem Kopf stehendes »Gehirnmenschlein« in je eine Hirnwulst auf beiden Hemisphären des Großhirns (siehe folgende Abbildung). Diese Sinneskanäle ermöglichen im Zusammenspiel mit dem Gleichgewichtssinn die Eigen- oder Selbstwahrnehmung des Körpers im Raum.

Die Hirnwulst (Gyrus postcentralis), zu der die sensiblen Nervenfasern ihre Impulse senden, befindet sich gleich hinter einer zentralen Furche im Hirnmantel (Sulcus centralis) auf beiden Seiten des Gehirns. Infolge der Kreuzung der Nervenbahnen im Stammhirn findet sich die linke Körperhälfte auf der rechten Hemisphäre und umgekehrt die rechte Körperhälfte auf der linken Hemisphäre gespiegelt.

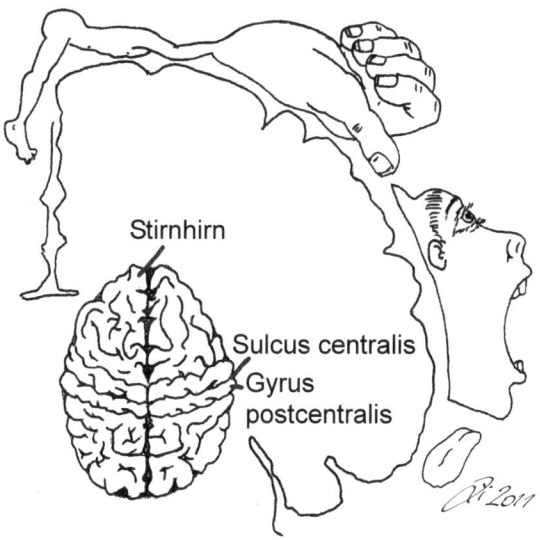

Freud identifizierte 1923 in seinem Artikel »Das Ich und das Es« diesen Teil des Gehirns als Sitz des Ichs.[48] Das Ich stellte er sich als Reiter auf dem Rücken eines wilden Pferdes vor, genauer: dem Es, den unbewussten Prozessen des zentralen Nervensystems.

Der in Wien geborene amerikanische Psychoanalytiker René Spitz (1887–1974) schreibt:

»Das Ich sehe ich als ein theoretisches Konstrukt an […]. Wir benötigen diesen Begriff, mit dem Freud eine der drei Instanzen benannt hat, wenn wir Denkoperationen im Bereich der verschiedenen psychischen Funktionen durchführen wollen.«[49]

Spitz hebt die vielfachen und komplizierten Funktionen des Ich als Steuerungsorgan der Persönlichkeit hervor.[50] Bei Rosy, einem 18 Monate alten Mädchen, interpretierte er den Eintritt ins Trotzalter als Fortschritt in der Ich-Bildung im Vergleich zu ihrer eineiigen Zwillingsschwester Cathy.[51]

Die Körperfühlsphäre, wie das Körperselbstbild auch genannt wird, scheint tatsächlich eine Bedingung sowohl für die Körpereigenwahrnehmung als auch für ein kontinuierliches Körper-Ich-Gefühl zu sein. Ein Beispiel ist die befremdliche Empfindung eines »eingeschlafenen« Armes oder Beines.

Dieses Gefühl tritt auf, wenn ein Bein oder Arm aus einer unglücklichen Lage befreit wird, in der die Nervenbahnen so abgeknickt waren, dass sie für eine Weile keine Impulse aus den Muskeln in das Gehirn senden konnten. Dieses taube Gefühl in Arm oder Bein geht mit der unangenehmen Empfindung eines Fremdkörpers einher. Auch Phantomschmerzen verlorener Gliedmaßen haben ihre Ursache in diesem Hirnsystem, das die Dehnungsempfindungen in den Muskeln zusammenführt. Es läuft dann, bildlich gesprochen, im Leerlauf weiter.

Da sich die Zentren für den Tast- und den Schmerzsinn in direkter Nachbarschaft dieses Hirnsystems befinden, ist ein isolierter Ausfall der Eigenwahrnehmung äußerst selten. Trotzdem sprechen verschiedene neurologische Befunde dafür, dass das Ich-Gefühl des Körpers auf der Zusammenführung der Eigenwahrnehmungen in den Muskelspindeln im Gehirn beruht.[52] Zu einem symbolischen Körperselbstbild werden diese Eigenwahrnehmungen bei Kleinkindern etwa erst nach dem 18. Monat zusammengeführt. Die meisten Kleinkinder erkennen sich selbst etwa mit 18–24 Monaten auf Fotos.

Ohne ein elementares Symbolverständnis wäre das nicht möglich. Die Entwicklungspsychologin Judy DeLoache an der Universität von Virginia in Charlottesville kam zu folgendem Untersuchungsergebnis:

»Mit 18 Monaten haben Babys meist begriffen, dass ein Bild einen realen Gegenstand lediglich darstellt. Statt nach dem Papier zu greifen, zeigen sie nun auf das Bild und benennen den abgebildeten Gegenstand oder fragen nach dessen Namen.«[53]

Experimentell kann man das Vorhandensein eines Körperselbstbildes so überprüfen: Man malt Kindern dieses Alters einen farbigen Punkt auf die Stirn oder Nase, ohne dass sie es merken. Nun führt man sie vor einen Spiegel.

Wenn sie sich selbst erkennen, greifen sie sich augenblicklich an die eigene Stirn oder Nase. Jüngere Kinder versuchen dagegen, nach dem farbigen Punkt im Spiegelbild zu greifen.

Geht man vom chronologischen Alter aus, erscheint es tatsächlich sinnvoll, nach einem Zusammenhang zwischen Ich-Entwicklung, Trotzreaktion und beginnendem Rollenspielalter zu suchen. Es darf jedoch keinesfalls verschwiegen werden, dass es viele Vorformen eines frühen Selbst-Gefühls gibt, die dieser Entwicklungsstufe des Ich-Gefühls vorausgehen.

Ultraschall-Aufnahmen sind nicht nur eine beliebte Form des Kinos für werdende Eltern. Sie sind ein wichtiges Forschungsinstrument für die Entwicklung in der Fetalperiode (etwa ab acht Wochen nach der Empfängnis). Der Psychologe Umberto Castiello und sein Team an der Università degli Studi in Padua werteten in dreidimensionalen Ultraschall-Filmen die Bewegungen von Zwillingen im Mutterleib aus.[54]

Mit einem ausgeklügelten Verfahren beobachtete das Forschungsteam schon ab der 14. Schwangerschaftswoche bei fünf Zwillingspaaren Unterschiede zwischen Bewegungen, mit denen die Feten sich selbst an Mund und Augen betasteten, und Bewegungen, mit denen sie ihren Co-Zwilling berührten: Die Feten befühlten ihre Nachbarn bedeutend behutsamer als sich selbst. Bis zur 18. Schwangerschaftswoche nahm die Anzahl der auf das Geschwisterkind gerichteten Tastbewegungen deutlich zu.

Natürlich sind Säuglinge auch nach der Geburt permanent damit konfrontiert, dass Berührungen der eigenen Hand, des eigenen Gesichts usw. zu einer doppelten Wahrnehmung führen: einer äußeren und gleichzeitig einer inneren. Diese doppelte Wahrnehmung allein erzeugt allerdings noch kein sicheres Körperselbstbild. Hospitalisierte Kinder, ohne Kontakt zu festen Bezugspersonen im kritischen Alter bis zu etwa drei Jahren, zeigen eher eine Neigung zur Selbststimulation, um diese Form der doppelten Wahrnehmung zu intensivieren, teilweise bis zur Selbstverletzung.

Die Anfänge einer Unterscheidung zwischen einem Selbst und anderen Personen lassen sich also bis in Zeiten vor der Geburt zurückverfolgen. Dann muss es bei dem sich zirka mit dem zweiten Lebensjahr entwickelnden Ich-Gefühl um viel mehr gehen als nur eine einfache Unterscheidung zwischen dem Selbst und anderen Personen: Zum Ich-Gefühl gehört auch die Abgrenzung der eigenen Rolle von einem übermächtigen Wir-Gefühl – sowie die bittere Erkenntnis, manchmal von niemandem verstanden zu werden, auf sich allein gestellt zu sein oder einfach übergangen zu werden.

Dass schon bei 18 Monate alten Kindern Anfänge einer Differenzierung zwischen den Vorlieben anderer Personen und den eigenen nachweisbar ist, demonstrierte Gopnik wie folgt: Sie zeigte Kindern zwei Gefäße. Das eine war gefüllt mit Kräckern und das andere mit rohen Brokkolistücken. Wenn die Versuchsleiterin von den Kräckern naschte, zog sie ein angewidertes Gesicht, aber bei Brokkoli demonstrativ ein zufriedenes. Als sie nun dem jeweiligen Kind die offene Hand hinhielt und darum bat, ihr etwas zu geben, boten ihr die Kleinen Brokkoli an, obwohl sie dieses Gemüse selbst natürlich viel weniger mochten. 14 Monate alte Kinder reichten dagegen stets die von ihnen geliebten Kräcker.

Gopnik verallgemeinert vorsichtig schon für Eineinhalbjährige:

> »Zumindest auf einer einfachen Ebene können sie sich in andere hineinversetzen. Vierjährige sind in ihrem psychologischen Alltagsverständnis noch weiter. Wenn jemand etwas Eigenartiges tut, können sie erklären, dass derjenige etwas falsch verstanden hat.«[55]

Deshalb finden sich erste Ansätze für Beziehungskommunikation schon bei Anderthalbjährigen. Aber erst Vierjährige sind dazu systematisch in der Lage. Der Pädagoge Manfred Jödecke (*1956) an der Hochschule Zittau/Görlitz vergleicht den Übergang vom Kleinkind- zum Vorschulalter mit dem Übergang vom jüngeren Schulalter in die Pubertät. Die Krise kommt durch Entwicklung neuer Handlungskompetenzen zustande. Beim Übergang vom Säuglings- zum Kleinkindalter und beim Übergang vom Vorschul- zum jüngeren Schulalter geht es dagegen um die Entwicklung von neuen Bedürfnissen, Motiven und Emotionen.[56]

Sensorische Integration im Rollenspiel

Kinder im Kontakt zu festen Bezugspersonen reagieren in unterschiedlichen Phasen auf andere Menschen in charakteristischer Weise: Etwa ab vier Wochen nach der Geburt beginnen Säuglinge, jedes Lächeln zu erwidern, ganz gleich ob eine bekannte oder fremde Person sich über ihren Kinderwagen beugt. Geteilte Freude erweist sich als doppelte Freude.

Etwa bis zum achten Lebensmonat ändert sich das. Die Säuglinge fremdeln bei Personen, die ihnen unbekannt sind. Panikreaktionen beim Verlust des Kontaktes mit der Bezugsperson in einer fremden Umgebung in dieser Phase zeigen, dass Säuglinge ihr Selbst im Antlitz ihrer Vertrauten suchen. Im fremden Gesicht sind ihre Anstrengungen vergeblich. Das weckt die Angst, sich selbst zu verlieren.

Mit wachsender motorischer Selbstständigkeit beginnen Kleinkinder, Handlungen von anderen Personen zu imitieren. Sie betätigen Lichtschalter, öffnen Türen und Schubladen, wie sie es zuvor bei anderen beobachtet hatten. Das Bild des eigenen Körpers ist ein Ergebnis der Spiegelung der eigenen Handlungen in den Handlungen anderer Menschen. Die Unermüdlichkeit der Kleinkinder bei der Wiederholung solcher Nachahmungen könnte damit zusammenhängen, dass sie nun beginnen, über ihr eigenes Körperselbstbild zu verfügen. Die Wiederholung entspringt offensichtlich dem Genuss einer neu gewonnenen Fähigkeit, einer neuen Macht über Situationen, denen sie früher einfach nur ausgeliefert waren.

Ayres beobachtete vier Ebenen der sensorischen Integration:[57]

Erste Ebene: Säuglinge benötigen Körperkontakt mit engen Bezugspersonen, um Sicherheitsgefühle mit ihrer eigenen Hautwahrnehmung zu verknüpfen. Der taktile Mutter-Kind-Dialog erzeugt darüber hinaus die notwendige emotionale Sicherheit, um eine stimmige Integration von vestibulären und propriozeptiven Sinnesreizen zu ermöglichen. Dadurch lernen die Säuglinge allmählich, die Haut als Grenze ihres Selbstgefühls zu erleben. Von dieser stimmigen Integration wird auch zunehmend die Steuerung der Augenbewegungen beeinflusst. Eine weitere Quelle des Sicherheitsgefühls bildet die Integration der Schwerkraft als verlässliche Orientierungsgrundlage in das Ensemble aller Sinnesreize.

Zweite Ebene: Eine Zusammenfassung der integrierten Sinnesreize vom Innenohr, den Muskelspindeln und der Haut erfolgt im Körperschema. Das Körperschema oder Körperselbstbild ist bildlich gesprochen so etwas wie eine mentale »Landkarte« der einzelnen Körperabschnitte. Es ermöglicht die Koordination der beiden Körperhälften bei komplexen Bewegungen, wie zum Beispiel beim Trommeln oder Tanzen.

Dritte Ebene: Alle zweckgerichteten Handlungen bauen auf einem integrierten Körperselbstbild auf. Die Aussprache von Wörtern hängt von der Verbindung akustischer Wahrnehmungen mit der taktilen, vestibulären und propriozeptiven Sensorik ab, die eine Einordnung der Empfindungen über die Stellung der Zunge und der Lippen ermöglicht. Auch die visuelle Wahrnehmung von Objekten und die räumliche Tiefenwahrnehmung integrieren vielfältige Tast-, Muskeldehnungs- und Gleichgewichtserfahrungen. Eine auf Anhieb gelingende Auge-Hand-Koordination setzt ebenfalls integrierte Signale von den Muskelspindeln, dem Tastsinn und dem Gleichgewichtssinn voraus.

Vierte Ebene: Die Spezialisierung der Hirnabschnitte beruht auf der Integration ihrer Verbindungen. Bestehen beispielsweise keine Verbindungen zwischen den beiden Hirnhemisphären, haben beide Hemisphären die Tendenz, die gleichen Funktionen zu übernehmen. Spiele, in denen Überkreuzbewegungen gefordert sind, können Kindern in dieser Entwicklungsphase besonders viel Spaß bringen.

Alle vier Ebenen der sensorischen Integration entwickeln sich in der Regel bis zum Schulalter. Die Nachahmung bedeutet zunehmend die Übersetzung einer beobachteten Handlung in das eigene Körperschema. Dass sich hinter der oft so einfach anmutenden Nachahmung ein äußerst komplizierter Entwicklungsvorgang verbirgt, zeigt sich in den Schwierigkeiten, die Kinder anfänglich bei der Ausführung einfacher Handlungen zeigen.

Ein- bis Zweieinhalbjährige verschätzen sich beispielsweise oft maßlos in ihren Körperproportionen: Sie versuchen, es ihren fingergroßen Puppen gleich zu tun und eine Miniaturrutschbahn hinunterzugleiten. Zu ihrer Verwunderung geht sie bei ihnen jedoch kaputt. Sie wollen in ein viel zu kleines Plastikauto einsteigen und zerbrechen es. Auch manches Möbelstück aus der Puppenstube geht entzwei, weil sie sich gelegentlich auf die kleinen Stühle setzen wollen usw.[58]

In einem Film von Lewin mit dem Titel *Hanna und der Stein*[59] (der noch berühmter ist als der von Klein-Günther) ist zu sehen, dass es für ein Kleinkind alles andere als einfach ist, sich auf einen Stein zu setzen: Die anderthalbjährige Hanna steuert auf noch wackeligen Beinen einen Stein an und betastet ihn mit beiden Händen. Nun will sie sich offensichtlich auf den Stein setzen. Dafür muss sie aber dem Stein ihren Rücken zuwenden. Doch dadurch verschwindet er plötzlich aus ihrem Sichtfeld. Was nun? Hanna gibt nicht auf. Immer wieder stellt sie sich der Herausforderung: den Stein fixieren, umdrehen und den Stein aus den Augen verlieren. Ihr Körperselbstbild ist offensichtlich noch kein fester Bezugspunkt bei der Orientierung im Raum.

Andere Kinder umgehen das Problem, wie Lewins Film zeigt, indem sie durch ihre Beine hindurch ihr Ziel anvisieren und so ihren Po auf den Stein manövrieren, ohne ihn dabei aus den Augen zu verlieren. Diese Schwierigkeiten haben die Kleinkinder nur so lange, bis die sensorische Integration in ihr Körperselbstbild eine Entlastung der Aufmerksamkeit ermöglicht.

Mit etwa drei Jahren scheint diese Phase des unsicheren Körperselbstbildes ihr vorläufiges Ende zu finden. Doch kaum ist das Körperselbstbild skizzenhaft entwickelt, beginnt es, neue Probleme zu verursachen. Jetzt sind es die Blicke anderer, die unsere Kleinen zu verstören beginnen. Schaut ihr Gegenüber auf einen Ball, ist die Angelegenheit klar. Die Kinder können sich ebenfalls dem Ball zuwenden und wissen, was das Gegenüber sieht.

Aber was sieht das Gegenüber, wenn es ihnen in die Augen schaut? Wenn die Kinder an sich selbst herunterschauen, sehen sie nicht dasselbe. Trotz Spiegel, Fotos und Videos, in solchen Situationen wird der eigene Körper schnell zur Quelle von Unsicherheit, Verlegenheit oder gar Scham.

Kinder begegnen dieser Verunsicherung erstaunlich konstruktiv: Sie nutzen kleine Figuren, Puppen, Plüschtiere und Ähnliches als symbolische Modelle für ihr eigenes Körperbild. Indem sie sich in diese Figuren hineinträumen, haben sie gleichzeitig eine Möglichkeit gefunden, die Blicke ihres Gegenübers zu lenken.

Eine weitere Möglichkeit liegt im Schminken und Verkleiden. Als Prinzessin oder Cowboy, Polizistin oder Zirkusdompteur, Magierin oder Ritter verkleidet, gewinnen die Kinder zunehmend die Kontrolle über das, was ihr Gegenüber sieht, wenn sie angeschaut werden.

Wenn Vorschulkinder in der Rollenspielphase »ich« sagen, meinen sie also entweder ihr mentales Körperselbstbild oder eine soziale Rolle. Damit zeigen sie uns einen interessanten Ausweg aus der Trotzfalle. Reizüberflutung und Doppelbindungen in der Beziehungskommunikation kann man im Rollenspiel wunderbar spielerisch auflösen, indem man Körper-Ich und Rollen-Ich voneinander trennt.

Das Rollenspiel optimiert die Aufmerksamkeit für diese Anforderung: Es nutzt das Körperselbstbild nicht nur als festen Bezugspunkt bei der Orientierung im Raum, sondern auch bei der Orientierung in sozialen Netzwerken. Das Körper-Ich wird zu einem festen Bezugspunkt in der Beziehungskommunikation. Dadurch gewinnen die Kinder die Freiheit, ihr Rollen-Ich in der Fantasie auszuschmücken, zu flexibilisieren und allmählich auf einer abstrakteren Stufe weiterzuentwickeln.

Spielstufendiagnostik

Spielregeln basieren auf Erwartungen und Erwartungserwartungen: Während eines Fußballspiels kann man nicht mit gekonnt vorgetragenen Gedichten punkten und beim gemeinsamen Chorgesang ist ein Wettbewerb, wer eher mit dem Singen fertig ist, nicht zielführend. Im Objektspiel sind die Regeln schon durch die Funktionalität vorgegeben, im Sujetspiel ergibt sich die Regel automatisch aus der mit der Wortbedeutung einhergehenden, eingebildeten Situation.

Die Regeln im Rollenspiel sind da schon komplizierter. Anfangs ergeben sie sich noch allein aus den Rollenerwartungen. Beispiel: Von einer Schaffnerin oder einem Schaffner erwartet man eine Uniformmütze und eine Trillerpfeife, mit der dem Zug das Abfahrtsignal gegeben werden kann.

Im entwickelten sozialen Rollenspiel kommen Erwartungserwartungen dazu. Sie ermöglichen Absprachen, wie ich sie zum Beispiel bei mit Spielzeugwaffen hantierenden älteren Vorschulkindern beobachten konnte: »Du musst nicht bemerken, dass ich mich angeschlichen habe. Vor Schreck musst du deine Waffe fallen lassen. Dann musst du sehen, dass ich ja dein Freund bin!« Solche komplexen Absprachen zeigen, dass die Zone der nächsten Entwicklung das Regelspiel ist.

Diese Absprachen bilden die Grundlage für spätere Regelspiele. Bei diesen Regelspielen ist die Rolle völlig uninteressant geworden. Beim Gummitwist, Klatschreim, Sackhüpfen und Murmelspielen ist die Aufmerksamkeit von den Rollen auf die Regel übergegangen. Es gibt bei diesen Spielen keine Gummitwisterinnen und Murmler im engeren Sinne des Rollenspiels. Tanzen, Musizieren, Schreiben usw. sind im weiteren Sinne auch Regelspiele, weil bei ihnen weder Rolle noch Wettbewerb im Zentrum der Aufmerksamkeit stehen.

Bevor die Kinder das Regelspielalter erreicht haben, werden Absprachen von Regeln schnell zu einer Überforderung, wenn nicht gleichzeitig ein geeigneter spielerischer Kontext geschaffen wird. Beispiel: Der Kommentar »Ich habe dir schon hundertmal gesagt, man spielt nicht mit dem Essen!« kann in der Sujetspielphase zur Rollenkonfusion führen. Das Kind ist sich ja meist noch nicht bewusst, dass es spielt. Es sind die Dinge, die es auffordern, automatisch gewisse spielerische Handlungen auszuführen.

Eine viel erfolgversprechendere Lösung ist die Aufforderung, Eltern und Kind zu spielen. Wenn das Kind jetzt mit dem Essen spielt, tut es dies bewusst. Nun kann es in einem nächsten Schritt lernen, dieses Verhalten auch bewusst zu unterlassen. Bei Eifersucht zwischen Geschwisterkindern kann man die Kinder in analoger Weise auffordern, Bruder oder Schwester zu spielen.

Diese Art von Rollenspielen gewinnt an Dynamik, wenn Erwachsene in die Rolle des Kindes schlüpfen. Wenn sich diese daneben benehmen, geben sie dem Kind eine ideale Gelegenheit, sein eigenes Verhalten zu reflektieren. Welche Erziehungsmaßnahmen wird es wohl ergreifen, wenn es die Vater- oder Mutterrolle einnimmt?

Der eigentlich Witz an solchen Rollenspielen ist, dass sie den Realitätssinn der Kinder fördern: Den Kleinen leuchtet schlagartig ein, warum diese Rollenumkehr nur im Spiel möglich ist.

Kinder loten im Rollenspiel ihre Möglichkeiten in sozialen Beziehungsnetzwerken aus. Das ist eine wichtige Basis für das Selbstbewusstsein.

Spielstufen und Übergänge

Erwachsene können ihnen dabei helfen. Das Ziel ist: die eigenen Möglichkeiten weder zu überschätzen noch zu unterschätzen. Es gibt keine bessere Prävention gegen Trotzattacken, aber auch gegen alle anderen Gefahren, in die Kinder geraten können.

Sollten die Kinder trotzdem (aufgrund welcher ungünstigen Umstände auch immer) in die Trotzfalle geraten, ist Verständnis und konsequentes Anknüpfen an vertraute Rollenmuster angesagt. Das gibt dem Kind die notwendige Sicherheit, um sein Gefühl der Isolation zu überwinden und Kooperationsangebote wieder annehmen zu können.

Im Kindergarten sind die Möglichkeiten für Rollenspiele natürlich noch vielfältiger als in der Familie. Doch wie kann man sich sicher sein, dass die Spielideen weder eine Überforderung noch eine Unterforderung darstellen?

In den von mir geleiteten Projekten zur Spielförderung nutzen wir zur Klärung dieser Frage eine Kombination aus den ausführlich in Teil 1 und Teil 2 beschriebenen Experimenten Montessoris, Lewins und Wygotskis.

A) Das Montessori-Experiment: Man beobachtet in einer vorbereiteten Umgebung, mit welchen Materialien es einem Kind am besten gelingt, seine Aufmerksamkeit zu polarisieren. Das müssen keine Montessori-Materialien sein. Wichtig ist nur, dass das Material für Symbolspiele geeignet ist. Beispiele: Kaufladen, Puppen, Autos, Perücken, Papierkronen, Schwerter, Schminkfarbe, Kugelbahn, Ringpyramide, Springseil, Domino usw. Die Frage lautet: Mit welchem Spielmaterial gelingt dem Kind eine Polarisation der Aufmerksamkeit?

B) Das Lewin-Experiment: Nach einer Pause bietet man dem Kind ausschließlich das Spielmaterial an, das es zuvor selbst gewählt hatte. Kommt es zur erneuten Polarisation der Aufmerksamkeit, misst man diesmal die Zeit, bis der Sättigungspunkt eintritt, um die Stärke des Aufforderungscharakters zu bestimmen.

C) Das Wygotski-Experiment: Nach einer erneuten Pause untersucht man nun, was ein Hinausschieben des Sättigungseffekts oder eine Wiederaufnahme der schon gesättigten Spielhandlung bewirken kann: das Austauschen des Spielmaterials, eine Umdeutung der Rollen oder die Einführung neuer Spielregeln?

D) Mit dem Lewin-Wygotski-Experiment lässt sich nun in einer Gegenprobe untersuchen, welche Spiele einen Ersatzwert besitzen: Spiele mit ähnlichen Objekten, Spiele mit ähnlichen Rollenmustern oder Spiele mit ähnlichen Regeln?

Lassen Sie mich die experimentelle Vorgehensweise an einem Beispiel erläutern:

Zu A: Im Montessori-Experiment wählte ein dreijähriger Junge Handpuppen (Polizist und Hund), um eine Spielszene darzustellen: Der Polizist brachte seinem Hund das Apportieren bei.

Zu B: Danach spielte das Kind während des Lewin-Experiments etwa dreißig Minuten mit den Handpuppen, bis eine Sättigung eintrat.

Zu C: Im darauffolgenden Wygotski-Experiment konnten wir den Sättigungspunkt um weitere zwanzig Minuten hinausschieben, indem wir neue Ideen zur Rollenaufteilung zwischen Polizist und Hund vorschlugen. (Beispiele: Der Polizist ging mit seinem Hund auf Verbrecherjagd, der Hund wollte die falsche Person beißen, der Hund war müde vom Üben und wollte sich in seine Hütte verkriechen usw.) Andere Handpuppenspiele, zum Beispiel mit Kasper, Gretel, Großmutter, Krokodil usw., hatten dagegen eher keinen ausgeprägten Aufforderungscharakter.

Zu D: Die drei Experimente legen das Rollenspiel als Zone der nächsten Entwicklung nahe. Diese empirisch gewonnene Hypothese überprüften wir nun mit dem Wygotski-Lewin-Experiment. Rollenspiele, die den Inhalt des Handpuppenspiels aufgriffen, hatten in der Tat einen Ersatzwert (Rollenspiel mit Uniformmütze und Stoffhund an der Leine, das Zeichnen eines Polizisten mit Hund und die Darstellung einer ähnlichen Szene gemeinsam mit anderen Kindern). Das Kind kehrte in diesen Fällen nicht von selbst zur Ausgangshandlung mit den Handpuppen zurück. Andere Angebote führten dagegen zur Rückkehr zur Ausgangshandlung.

Was ist der Gewinn? Die Experimente zeigen, dass es keinen Widerspruch zu unserer Annahme gibt, die Zone der nächsten Entwicklung des Jungen im Rollenspiel zu suchen. Damit ist eine Überforderung mit Rollenspielen unwahrscheinlich, eine Überforderung mit Regelspielen dagegen wahrscheinlich.

Die Eltern des Jungen bestätigten uns später, dass ihr Sohn einerseits eine panische Angst vor Hunden hat und andererseits von ihnen magisch angezogen wird. Besonders beeindruckte ihn der Polizeihund seines Onkels.

> **Zusammenfassung:**

Im Rollenspielalter verschaffen sich Kinder erste Einblicke in die für Menschen so wichtige Beziehungskommunikation. Zum Körper-Ich gesellt sich ein Rollen-Ich. Die Fähigkeit, seine eigenen Möglichkeiten in Beziehungsnetzwerken nicht zu überschätzen, aber auch nicht zu unterschätzen, ist eine wichtige Grundlage für das Selbstbewusstsein.

> **Reflexion:**

Welche unterschiedlichen sozialen Rollen füllen Sie in ihrem Leben aus? Welche Rollenkonflikte haben Sie schon erlebt? Welche Konflikte halten Sie für möglich? Welche sozialen Rollen sind Ihnen besonders wichtig? Welchen Beitrag leisten diese Rollen für Ihr Selbstbewusstsein?

> **Beobachtung:**

Fragen Sie Vorschulkinder nach ihren späteren Berufswünschen und Vorbildern. Lassen Sie sich erklären, was ihnen an diesen Berufen und ihren Vorbildern gefällt. Haben diese Wünsche und Vorbilder einen Einfluss auf das Spiel der Kinder?

Die Experimente zur Spielstufendiagnostik kann man übrigens auch mit Kindergruppen durchführen. Oft entstehen in Kindergärten gemeinsame Spielideen, wie zum Beispiel Höhlenbau, Kaufladen usw. Auch hier kann man experimentell die Zone der nächsten Entwicklung ermitteln:

A) Bei welchen Spielen gelingt es einer Gruppe von Kindern am besten, ihre Aufmerksamkeit zu polarisieren?

B) Wann tritt beim Gruppenspiel der Sättigungspunkt ein?

C) Was bewirkt ein Hinausschieben des Sättigungseffekts oder eine Wiederaufnahme des schon gesättigten Gruppenspiels: das Austauschen des Spielmaterials, eine Umdeutung der Rollen oder die Einführung neuer Spielregeln?

D) Welche Gruppenspiele besitzen einen Ersatzwert: Spiele mit ähnlichen Objekten, Spiele mit ähnlichen Rollenmustern oder Spiele mit ähnlichen Regeln?

Ein Beispiel: »Kinder, es ist so weit, wir müssen Schluss machen und aufräumen!« – »Oooch – immer müssen wir aufräumen, das macht überhaupt keinen Spaß!« Wer häufiger mit Kindern zu tun hat, kann von solchen Klagen ein Lied singen.

Dass sich die Situation jedoch schlagartig wie von Zauberhand ändern kann, demonstrierte mir ein Erzieher eines Hamburger Kindergartens anhand von interessanten Filmaufnahmen. Er umging das übliche nervenaufreibende »Tauziehen« zwischen Kindern und Erwachsenen um das leidige Aufräumen mit dem Ausruf: »Kinder, wir sammeln Punkte!«

Mit der Antwort »Jaaa, Punktesammeln!« stürmten die Kinder auf ihn zu. Sie erfreuten sich sichtlich an den Kommentaren für jedes ordentlich weggeräumte Spielzeug: »Ein Punkt für Michi, ein Punkt für Alissa, zwei Punkte für Michi, Ich kann ja gar nicht so schnell mitzählen.«

Für den Erzieher war das ein fauler Trick, für den er sich ein wenig schämte: Werden die Kinder so nicht konditioniert? (Denken Sie nur an das Ende des ersten Kapitels im ersten Teil. Diese Methode erinnert in der Tat an Skinners operante Konditionierung: Punkte als Belohnung für erwünschtes Verhalten.)

Doch war das wirklich so? Sättigungs- und Ersatzwertexperimente zeigten, dass die Kinder sich überhaupt nicht für die Punkte als solche interessierten. Ihnen war es zum Beispiel völlig gleich, wie viele Punkte die anderen Kinder hatten. Ihnen machte einfach das Spiel Spaß, einen Gegenstand wegzuräumen und dafür als Antwort zu erhalten: »Ein Punkt für dich!«

Die Wettspielidee war ihnen noch fremd. Für sie handelte es sich vielmehr um ein interessantes soziales Rollenspiel: Punkte und Wettspiele kannten sie von älteren Kindern und Erwachsenen. Das Punktesammeln gab ihnen das angenehme Gefühl, in eine interessantere Rolle zu schlüpfen, deren eigentliche Bedeutung sie noch gar nicht richtig verstehen konnten.

Nichts weggenommen – nichts hinzugetan
Wiederholung, Aufmerksamkeit und Auffälligkeit

Was Vorschulkindern richtig schwer fällt

Die kanadische Entwicklungspsychologin Joan Peskin wusste, dass ihr dreijähriger Sohn Jeremy gern Plätzchen vom Küchenschrank stibitzte. Eigentlich durfte er natürlich nicht auf den Schrank klettern. Einmal überraschte sie ihn dabei in der Küche. Statt sich ertappt zu fühlen, traf Klein-Jeremy folgende Anordnung: »Geh bitte aus der Küche, ich möchte mir ein Plätzchen nehmen!«

Andere Eltern hätten vielleicht ahnungslos gedacht: »Meine Güte, wie frech ist das denn?!« Als gute Psychologin erkannte Peskin jedoch sofort, dass sich hinter dieser Bemerkung mehr verbirgt: Täuschungen und Lügen sind Angelegenheiten, mit denen sich Vorschulkinder anfänglich außerordentlich schwer tun.

Als Professorin an der Universität in Toronto untersuchte Peskin die Fähigkeit von Drei- bis Fünfjährigen, Täuschung und Lüge strategisch einzusetzen. Dafür nutzte sie ein Rollenspiel: Eine Handpuppe mit verdächtig grinsendem Affengesicht (gefährlichem Krokodilsgebiss oder was auch immer) wollte den Kleinen ausgerechnet ihren wunderbar neuen, glitzernden Sticker entwenden, den sie am liebsten mögen. Übrig lässt ihnen die Handpuppe nur einen alten hässlichen vergilbten Sticker. Wie gemein!

Dabei hatte Peskin die Kleinen doch eindringlich vor der bösen Handpuppe gewarnt. Kaum erschien die hinterlistige Puppe, fragte sie scheinheilig: »Welcher ist dein Lieblingssticker?« Die Kinder hätten nun einfach nur das Blaue vom Himmel lügen müssen, indem sie vorgegeben hätten, der alte vergilbte sei ihr Lieblingssticker. Dann wäre die hinterhältige Puppe angeschmiert gewesen. Aber irgendwie kriegten die kleinen Moralisten das nicht hin.

Mehr als 70 Prozent der Dreijährigen waren mit diesem Täuschungsmanöver auch bei Wiederholung des Szenarios überfordert. Unstrategisch verplapperten sie sich immer wieder, wenn sie von der gemeinen Puppe nach ihrem Lieblingssticker ausgefragt wurden. Als diese ihnen dann den Lieblingssticker auch immer wieder prompt entwendete, versuchten sie vergeblich, den Sticker festzuhalten. Diesen strategischen Irrtum konnte Peskin bei Fünfjährigen nur noch in 20 Prozent der Fälle beobachten.[60]

Versteckspiele sind eine sehr beliebte Form des Regelspiels. Sie verlangen eine Vorstellung darüber, was andere wahrnehmen und wissen können. Peskin fand bei drei, vier und fünf Jahre alten Vorschulkindern einen engen Zusammenhang zwischen ihren Fähigkeiten im Versteckspielen und ihrer Fähigkeit, ein Geheimnis für sich zu behalten.

Bei nur wenigen Dreijährigen, bei den meisten Vierjährigen und bei fast allen Fünfjährigen waren beide Fähigkeiten zu beobachten. Peskin will damit zeigen, dass Kinder ihre metakognitiven Fähigkeiten im gedanklichen Rollenwechsel erst allmählich entwickeln.[61]

Die Fähigkeit zum Hineinversetzen in unterschiedliche Rollen bildet auch sehr gut folgendes Experiment ab. Es geht ursprünglich auf Heinz Wimmer (*1946) vom psychologischen Institut der Universität Salzburg zurück:

Diesmal führt man Kindern zwei Handpuppen vor. Nehmen wir beispielsweise Kasper und Großmutter. Der Kasper legt eine Rassel in seinen Koffer und verlässt den Raum. Nun legt die Großmutter mit übertriebenem Ordnungssinn die Rassel aus dem Koffer in eine Schachtel. Die gebannt zuschauenden Kinder fragt man: »Wo wird der Kasper, wenn er wiederkommt, seine Rassel wohl zuerst suchen, im Koffer oder in der Schachtel?« Erst Kinder in der Rollenspielphase beginnen zu vermuten, dass der Kasper in seinem Koffer suchen wird. Kinder in der Sujetspielphase tippen eher auf die Schachtel.

In der Sujetspielphase steuern wahrgenommene Objekte und Handlungen das Sprechen. In der Rollenspielphase beginnt die Sprache, Handlungen zu steuern. Luria kam zu folgendem experimentellen Ergebnis: Zuerst lernen Vorschulkinder, eine Handlung gezielt in Gang zu setzen, später dann auch, sie bewusst zu unterlassen.

Kinder in der Sujetspielphase lernen, beim Leuchten einer grünen Signallampe »jetzt« und beim Leuchten einer roten Signallampe »jetzt nicht« zu sagen. Nun gab Luria ihnen einen kleinen Ball in die Hand. Bei grünem Licht sollten die Kinder auf den Ball drücken, und bei rotem Licht sollten sie nicht drücken. Die Regel »Bei Grün drücken, und bei Rot nicht drücken!« hatten sie verstanden. Leuchtete die grüne Lampe, sprachen die Kinder vor sich hin: »Jetzt!«, und drückten auf den Ball. Leuchtete aber das rote Licht, sagten sie zwar richtig: »Jetzt nicht!«, drückten aber trotzdem auf den Ball.[62]

In der Rollenspielphase lernen Vorschulkinder allmählich, auch die Verneinung zur Handlungssteuerung einzusetzen. Aber perfekt beherrschen sie diese Fähigkeit erst in der Regelspielphase, die etwa mit der Einschulung beginnt. Deshalb sind Verneinungen im Vorschulalter eine ständige Quelle von Missverständnissen.

Der Ausspruch »Nicht über die Straße laufen!« begleitet von einem Fingerzeig auf die andere Straßenseite, kann dazu führen, dass sich Vorschulkinder von nun an magisch von der anderen Straßenseite angezogen fühlen. (Ich berichte aus unangenehmer Erfahrung.) Manchmal laufen die Kleinen sogar auf die Straße zu, während sie vor sich hin sagen: »Nein, nicht über die Straße laufen!« Erwachsene können das leicht als Trotzverhalten missverstehen. Erfolgversprechender wäre jedoch gewesen, auf den Sandkasten oder Spielplatz zu zeigen und den Kindern zu sagen, wo sie spielen dürfen.

Eine Erinnerung aus meiner Vorschulzeit ist mir lebhaft in Erinnerung geblieben: Man forderte uns als Vorschulklasse auf, während des Unterrichts nicht zu reden. Mein bester Freund und Banknachbar wollte mir jedoch gerade etwas zuflüstern. Mein aufglimmendes Regelbewusstsein stachelte mich an, ihn zur Ordnung zu rufen. Doch wie sollte ich ihm das mitteilen, wenn ich ja selbst nicht reden durfte? Beherzt hielt ich ihm mit aller Kraft den Mund zu. Mein Freund wertete das natürlich als hinterhältigen Angriff aus heiterem Himmel. Schließlich hatte ich für dieses grobe Fehlverhalten den Rest der Stunde in der Ecke zu stehen. (Und, hat's mir geschadet? Ich denke: Ja.)

Worin Vorschulkinder unschlagbar sind

Können Drei- bis Vierjährige beim Problemlösen Sieben- bis Elfjährige schlagen und sogar besser sein als Erwachsene? Das hängt von der Art des Problems ab:

Mitte der 1960er Jahre, zur Zeit der von Skinner geprägten Lernforschung in den USA, untersuchte der Psychologe Morton W. Weir an der Universität von Illinois Effekte der operanten Konditionierung. Ihn interessierte: Welchen Einfluss hat eine unregelmäßige Rückmeldung auf die Verstärkung des Verhaltens, die nur in einem bestimmten Prozentsatz der Fälle erfolgt?[63] Dabei kam es zur Entwicklung eines denkwürdigen Experiments:

Weir führte Kindern und Erwachsenen im Alter von drei bis zwanzig Jahren einen Apparat mit drei Tasten vor. Die Aufgabe war, eine Schleuse zu öffnen, durch die Bälle in einen Korb fallen. Die Versuchspersonen wussten nicht, dass von den drei Tasten überhaupt nur eine Taste mit der Schleuse verbunden war. Diese Taste öffnete allerdings nur zufällig die Schleuse, zum Beispiel in einem Drittel oder zwei Drittel der Fälle.

Tatsächlich bewältigten Drei- bis Vierjährige die Aufgabe am besten. Sie klopften beispielsweise mehrfach auf die rechte Taste. Wenn sie merkten, dass sich da nichts tat, gingen sie zur nächsten Taste über. Wenn zum Beispiel während des Hämmerns auf die zweite Taste der erste Ball in den Korb fiel, blieben sie bei dieser Taste, bis die Aufgabe gelöst war.

Weir erklärte das schlechte Abschneiden der Sieben- bis Elfjährigen mit einem Mangel. Die Sieben- bis Elfjährigen wären noch nicht in der Lage, die Informationen beim Experiment zu speichern und zu verarbeiten. Denn er beobachtete, wie sie immer wieder regelmäßig von links nach rechts oder rechts nach links auf die Knöpfe in der gleichen Reihenfolge drückten. Weir sah darin Stereotypien (damit sind sinnlose Wiederholungen gemeint).

An dieser Interpretation ist abzulesen, wie sehr man in der Vergangenheit die geistigen Fähigkeiten von sieben- bis elfjährigen Kindern unterschätzt hat. Heute traut man selbst Vorschulkindern bedeutend mehr zu.

Gopnik drückt das so aus:

> »Psychologen haben die kognitiven Fähigkeiten kleiner Kinder lange völlig unterschätzt. Kindern gelingt es schon in recht frühem Alter, sich zum Beispiel in andere Personen hineinzuversetzen oder Ursachen und Wirkungen zu verknüpfen. Kinder eignen sich die Welt in ganz ähnlicher Weise an wie Naturwissenschaftler: Sie experimentieren gezielt, bewerten gewonnene statistische Muster und stellen anhand ihrer Beobachtungen Theorien auf.«[64]

Was schon für Vorschulkinder gilt, sollte für Sieben- bis Elfjährige erst recht gelten. Wiederholungen sind alles andere als sinnlos, wenn man nach einem verborgenen Zusammenhang, nach einer Regel sucht: Welche Kombination nacheinander gedrückter Tasten öffnet die Schleuse?

Wahrscheinlich versuchten die Sieben- bis Elfjährigen, sich verzweifelt Tastenkombinationen einzuprägen, die schon einmal zu einem zufälligen Erfolg geführt hatten. Bei zu komplizierten Kombinationen, die dem Erfolg vorausgegangen waren, kamen sie natürlich schnell an die Grenzen ihres Aufmerksamkeitsumfangs, den man auch als Kurzzeit- oder Arbeitsgedächtnis bezeichnet. Neuere experimentelle Untersuchungen gehen davon aus, dass drei bis vier Einheiten (Chunks) das obere Limit für unser Kurzzeitgedächtnis bilden.[65]

Eine historische Analyse der Entwicklung der Ziffernnotierung legt ebenfalls eine optimale Bündelung von Zeichen in drei bis vier Einheiten nahe.⁶⁶ Fünf scheint auf Dauer, eine Art »Schmerzgrenze« bei der Simultanerfassung zu sein. Die Gliederung von fünf Strichen in zwei Gruppen:

II III

ist übersichtlicher als die ungegliederte Darstellung:

IIIII

Bei drei Strichen ist die gegliederte Darstellung dagegen nicht besser zu überblicken als die ungegliederte:

II I
und
III

Analysiert man die Wahrscheinlichkeitsmuster von Buchstabenfolgen, fällt auf, dass diese ebenfalls für ein Aufmerksamkeitsfenster von drei bis vier Einheiten optimiert sind.⁶⁷

Der Aufmerksamkeitsumfang bestimmt über unsere Fähigkeiten zur Simultanerfassung. Das ist die Fähigkeit, Anzahlen ohne Abzählen zu erfassen. Menschen können das zwar mit absoluter Sicherheit nur bis zu knapp vier Einheiten. Aber sie können ihre Fähigkeit, Anzahlen zu schätzen, immens verbessern, indem sie trainieren, ihre Aufmerksamkeit auf bestimmte Muster zu lenken.⁶⁸

Erwachsene gehen beim Weir-Experiment anfänglich meist ähnlich vor wie Sieben- bis Elfjährige. Doch dann bemerken sie, dass die möglichen Tastenkombinationen ihren Aufmerksamkeitsumfang überschreiten. Sofort brechen sie ihre Reflexionen über Tastenkombinationen ab und konzentrierten sich – wie die Drei- bis Vierjährigen – nur noch auf die einzelnen Tasten.

Gopniks Team erforschte diese erfolgreiche Strategie von Drei- bis Vierjährigen mit einem sogenannten »Blicket-Detektor«.⁶⁹ Dabei handelt es sich um einen Apparat, der aufleuchtet und Musik spielt, wenn man auf seiner Oberfläche bestimmte Dinge (Blickets) positioniert. Blickets sind charakteristisch geformte, dreidimensionale Körper, wie zum Beispiel Würfel, Sterne usw.

Der Witz des Experiments besteht darin, dass die Blickets in unterschiedlichen Graden geeignet sind, Licht und Musik einzuschalten. Die Frage ist: Wie gelingt es den Kindern, die Eignung der Blickets einzuschätzen und zu berücksichtigen?

Wenn bei einer Vorführung zum Beispiel ein Stern den Apparat in zwei Fällen von drei zum Leuchten bringt und ein Würfel nur in zwei von sechs

Fällen, sollten die Vorschulkinder hauptsächlich den Stern nutzen, um den Apparat anzuschalten. Das gelingt ihnen in der Tat mühelos. Wie schon im Experiment von Weir zeigt sich, dass Vorschulkinder statistische Zusammenhänge schnell durchschauen.

Gopnik resümiert:

> »Das bedeutet, Kinder denken und schlussfolgern durchaus komplex und scharfsinnig. Sie begnügen sich nicht mit einfachen Regeln und schlichten Assoziationen. Tatsächlich erfassen Kinder merkwürdige Vorgänge und eigenartige Zusammenhänge mit ihrer unbewussten Statistikanalyse wohl manchmal leichter als Erwachsene. Kürzlich haben meine Kollegen und ich sowohl Vierjährige wie Erwachsene mit einem Blicket-Detektor konfrontiert, der sich sonderbar verhielt: Er ging nur an, wenn man zwei Klötze gleichzeitig drauflegte. Die Kinder begriffen das schneller. Den Erwachsenen war vermutlich ihr Vorwissen im Weg, dass Geräte so normalerweise nicht funktionieren.«[70]

Zu viele Erklärungen und Vorführungen von Erwachsenen bringen die Kinder jedoch durcheinander. Die abergläubische Nachahmung der Erwachsenen interpretiert Gopnik so: Die Vorschulkinder vermuten, dass die Erwachsenen ihnen die vielen umständlichen Handgriffe nicht vorgemacht hätten, wenn ihnen eine kürzere Lösung bekannt gewesen wäre. Statistisch gesehen hätten die Kleinen wohl auch mit dieser Schlussfolgerung mal wieder Recht.

Geistige Entwicklung im spieltheoretischen Modell

Piaget zeigte in unzähligen Studien, dass Kindern anfänglich nicht auffällt, dass die Masse einer verformten Knetkugel, das Volumen einer umgegossenen Flüssigkeit oder die Anzahl der Elemente einer umgeordneten Menge gleich bleiben. Sie bemerken nicht, dass nichts dazu kam und nichts weggenommen wurde.

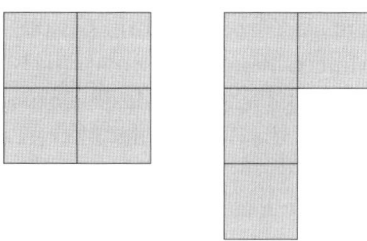

Für viele Vorschulkinder ändert sich der Flächeninhalt, wenn die vier gleichgroßen Quadrate anders angeordnet sind. Sie halten zum Beispiel die rechte Fläche für größer, weil sie länger ist, oder die linke Fläche für größer, weil sie breiter ist. Fügt man die kleinen Teile der rechten Fläche zum Quadrat, sind für die Vorschulkinder beide Flächen wieder gleich groß.

Wie aber kommt es dazu, dass die Kinder im Laufe des beginnenden Schulalters anfangen, allmählich die Erhaltung der Fläche anzuerkennen? Dafür entwickelte Piaget ein spieltheoretisches Modell.[71]

Die Spieltheorie ist eine sehr junge Disziplin der Mathematik. Sie beschäftigt sich mit strategischen Gesellschaftsspielen, deren Ausgang vom Verhalten der Spieler abhängt. Der Begriff Spiel ist hier sehr weit gefasst. Er umfasst auch soziologische, wirtschaftliche, technische und politische Simulationen von Wettbewerb, Störfällen oder Konflikten.

Piaget ging es darum, ein Erklärungsmodell dafür zu entwickeln, wie sich das Schätzen von Wahrscheinlichkeiten bei Kindern durch spielerische Wiederholung weiterentwickelt. Aktuelle Studien geben Piaget Recht. Gopnik führt viele Experimente an, die – ähnlich wie ihr Experiment mit dem Blicket-Apparat – nahelegen, dass Kinder unbewusst in Wahrscheinlichkeitsmustern denken.[72] Diese Wahrscheinlichkeitsmuster hat erstmalig der englische Mathematiker Thomas Bayes (1702–1761) beschrieben. Der Bayes'sche Wahrscheinlichkeitsbegriff gibt den Grad einer persönlichen Überzeugung an. Hier ein sehr vereinfachtes Beispiel:

Ein Kind in der Regelspielphase fragt hauptsächlich seinen Papa nach Süßigkeiten, manchmal auch die Mama, nie aber beide zusammen. Plötzlich ändert das Kind sein Verhalten. Auf einmal fragt es nur noch beide Eltern nach Süßigkeiten. Was könnte das Kind dazu veranlasst haben?

Spieltheoretisch ließe sich die erste Phase so erklären: Das Kind erhielt zum Beispiel in sieben von zehn Fällen Süßigkeiten vom Vater (7:10). Es ordnet der Geberlaune des Papas eine Wahrscheinlichkeit von 0,7 zu. Die Mutter schätzt es strenger ein. Die Wahrscheinlichkeit des Nachgebens bei ihr beträgt nur rund 0,2. Auf die Idee, dass sich die Eltern untereinander absprechen könnten, kommt das Kind noch nicht.

Fragt das Kind beide Eltern, setzt sich erfahrungsgemäß immer das Elternteil durch, das gegen Süßigkeiten ist. Intuitiv erfasst das Kind folgenden Zusammenhang: Die Verbundwahrscheinlichkeit von zwei unabhängigen Wahrscheinlichkeiten errechnet sich durch Multiplikation (0,7·0,2=0,14). Die Verbundwahrscheinlichkeit ist immer kleiner als die einzelnen Wahrscheinlichkeiten, wenn sie zwischen null und eins liegen.

Dass beide Eltern gleichzeitig zustimmen, damit rechnet das Kind unbewusst also nur etwa in einem von zehn Fällen. Das ist zu riskant. Also fragt das Kind niemals beide Eltern.

Im zweiten Schritt bemerkt das Kind plötzlich, dass es die Geberlaune der Mutter unterschätzt und die des Vaters überschätzt hat. Favoritin in Sachen Süßigkeiten ist jetzt auf einmal Mama. Papa gilt plötzlich als knauserig.

Im dritten Schritt ist das Kind verunsichert. Es bemerkt: Mama und Papa verhalten sich gar nicht so unterschiedlich. Beide Eltern reagieren eigentlich in der Hälfte der Fälle mit Zustimmung, also fifty-fifty. Die Verbundwahrscheinlichkeit nimmt zu. Ob sie vielleicht doch untereinander Regeln absprechen? Aber so recht will das Kind noch nicht daran glauben.

Im vierten Schritt ist dem Kind klar: Es muss eine geheime Regel geben, nach der sich beide Eltern richten. Es fragt jetzt immer beide Eltern, weil es hinter diese geheimnisvolle Regel kommen will. Der faustische Forschergeist des Kindes siegt. Die Süßigkeiten sind nur noch zweitrangig.

Jetzt ist ein kleiner Gedankensprung notwendig! Es gibt ein gemeinsames Muster zwischen Süßigkeiten und Eltern auf der einen Seite und zwischen Flächeninhalt mit den beiden Dimensionen Länge und Breite auf der anderen Seite. Mithilfe der abstrakten Spieltheorie ist dieser Sprung problemlos möglich. Jedenfalls erklärt Piaget nach dem gleichen Muster die Entdeckung des Erhalts von Volumen, Masse, Fläche, Zeit und Anzahl. Das Gemeinsame sind die vier Phasen, in denen das Kind zu veränderten Einschätzungen der Wahrscheinlichkeit eines Zusammenhangs gelangt:

Im Weltbild der Kinder existieren verschiedene Dimensionen – wie Höhe und Breite, Anzahl und Anordnung, Geschwindigkeit und zurückgelegte Strecke usw. – zunächst unabhängig voneinander.

Im ersten Schritt schätzen die Kinder zum Beispiel die Wahrscheinlichkeit, dass Länge und Breite etwas mit der Größe der Fläche zu tun haben, unterschiedlich ein. Die Verbundwahrscheinlichkeit dieser zwei unabhängigen Wahrscheinlichkeiten ist – wie schon gesagt – immer kleiner als die einzelnen Wahrscheinlichkeiten, wenn sie zwischen null und eins liegen.

Im zweiten Entwicklungsschritt wechseln die Wahrscheinlichkeiten in Piagets Modell. Die Kinder vernachlässigen die erste Dimension, weil ihnen jetzt die zweite mehr auffällt. Piaget begründet diesen Sinneswandel mit zwei Ursachen:

1. Erhöht man den Wahrnehmungskontrast, wird die andere Dimension auffälliger:

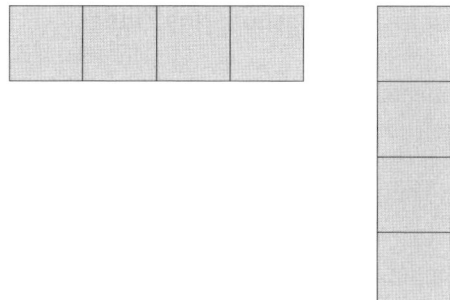

2. Beim Kind stellt sich eine zunehmende Unzufriedenheit ein, nachdem es immer wieder das gleiche Argument angeführt hat. Es beginnt, an sich selbst zu zweifeln. »Hierin ist es wie der Gelehrte, der an einer Theorie zu zweifeln beginnt, wenn sie sich allzu leicht auf alle Fälle anwenden lässt.«[73]

Im dritten Schritt schwankt die Aufmerksamkeit der Kinder zwischen den beiden Dimensionen hin und her. Sie sagen gewöhnlich so etwas wie: »Ich weiß nicht. Die Fläche ist ein bisschen größer geworden, weil sie länger ist. Aber sie ist auch kleiner, weil sie schmaler ist.« Die Wahrscheinlichkeiten sind nun fifty-fifty, und die Verbundwahrscheinlichkeit wächst.

Im vierten Entwicklungsschritt fällt den Kindern in Piagets Modell dann der Zusammenhang zwischen den beiden Dimensionen auf. Sie bemerken: Die Fläche wird um genau den Betrag länger, um den sie schmaler wird, und umgekehrt: Sie wird um den Betrag breiter, um den sie kürzer wird. Erst jetzt haben wir es in Piagets Logik mit abhängigen Wahrscheinlichkeiten zu tun, die wir streng genommen nicht mehr miteinander multiplizieren dürften.

Piagets spieltheoretisches Modell lässt sich mathematisch noch differenzierter ausformulieren und verallgemeinern. (Leider würde es an dieser Stelle zu weit führen, die Details zu erläutern.) Es gewinnt an Plausibilität, wenn man zusätzlich berücksichtigt, dass Zusammenhänge, die man zum ersten Mal beobachtet, allein durch Wiederholung immer auffälliger werden. Damit lässt sich zum Beispiel auch der große didaktische Wert sowohl von Montessori-Materialien als auch von Piaget-Experimenten theoretisch begründen und praktisch weiterentwickeln.[74]

Metakompetenzen für bildungshungrige Kinder

Bei Piaget-Experimenten war der knapp siebenjährige Dennis sofort Feuer und Flamme. Begeistert nahm er an den verschiedensten Versuchen zum Erhalt des Flächeninhalts, Volumens, der Masse, der Anzahl, der Zeit, der Richtung der Schwerkraft usw. teil. Er war mit seiner Erzieherin wegen Lernschwierigkeiten in unsere Beratungsstelle gekommen. Seine Aufmerksamkeit blieb immer ausschließlich einer Dimension verhaftet (Höhe oder Breite, Anzahl oder Reihenfolge, Geschwindigkeit oder zurückgelegte Strecke, Richtung der Schwerkraft oder Grundlinie usw.). In Piagets spieltheoretischem Szenario ist das der erste Entwicklungsschritt.

Wir hatten Dennis mit Einverständnis der Eltern als Protagonisten für einen Piaget-Lehrfilm ausgewählt. Seine Polarisation der Aufmerksamkeit auf Piaget-Experimente war eindeutig gegeben. Experimente zum Flächeninhalt, Volumen, der Masse, der Anzahl, der Zeit, der Reihenfolge usw. hatten untereinander einen hohen Ersatzwert, andere Spiele dagegen nicht. Seine Zone der nächsten Entwicklung war eindeutig die Entschlüsselung der Regeln, die den Experimenten zugrunde liegen.

Dennis war zwar der Erste, bei dem ich diese Begeisterung beobachten konnte, doch keinesfalls der Letzte. Immer wieder konnte ich mich überzeugen: Piaget-Experimente sind für Kinder in der Regelspielphase ein Renner.

Nach fünfzehn verschiedenen Experimenten aus Piagets Repertoire bemerkte Dennis auf einmal den Zusammenhang zwischen den Dimensionen Höhe und Breite, Anzahl und Reihenfolge, Geschwindigkeit und zurückgelegter Strecke, Richtung der Schwerkraft und Grundlinie usw. Niemand hätte mir diese plötzliche Wendung geglaubt, hätten wir diese Entwicklung nicht im Film festgehalten.

Dennis hatte eine Stufe der geistigen Entwicklung, die sich sonst über mehrere Jahre hinzieht, an nur einem einzigen Tag absolviert. Und das, obwohl ihn niemand darin unterrichtet hatte. Bei den Piaget-Experimenten werden die Antworten der Kinder entsprechend der klinischen Methode einfach nur hingenommen, keinesfalls aber bewertet.

Allein die wiederholte Auseinandersetzung mit dem Problem führte dazu, dass Dennis der Zusammenhang von Dimensionen auffiel. In vielen Untersuchungen von Kindern mit Lernschwierigkeiten konnte ich erleben, wie sich allein durch Wiederholung die Aufmerksamkeit für das Wesentliche steigert. Wichtig ist nur, dass die Lösung des Problems in der Zone der nächsten Entwicklung liegt. Zusammenhänge, die vorher unauffällig waren, zeichnen sich plötzlich klar vor dem Hintergrundrauschen aller anderen Wahrnehmungen ab. Intrinsische Motivation ist eine wichtige Bedingung, um die notwendige Ausdauer und Geduld aufzubringen.

Dabei muss ich immer an die Sieben- bis Elfjährigen im Weir-Experiment denken. Hätte es eine nicht zu komplizierte Mehrtastenkombination gegeben, hätten sie diese durch hartnäckige Wiederholung sicherlich gefunden. Mein Sohn hat in diesem Alter ein achtstelliges Passwort meines Computers geknackt. Als neues Passwort wählte ich »Spielsucht«. Dieses zehnstellige Passwort war schwerer zu entschlüsseln (notfalls aber auch ein moralischer Fingerzeig).

Eine hohe Meisterschaft zum Beispiel in Schach, Musik, Sport, Rechnen usw. verlangt ungefähr zehn Jahre harter Arbeit, stellt der Redakteur des Wissenschaftsjournals »Scientific American« Philip E. Ross fest. Er selbst ist Schachspieler, aber seine Tochter Laura ist sogar nationale Schach-Meisterin. In seiner Spielstärke liegt er 199 Punkte hinter ihr. Ross resümiert seine Erkenntnisse zur Begabungsforschung so:

> »Selbst sogenannte Wunderkinder wie Gauß in der Mathematik, Mozart in der Musik oder Bobby Fischer im Schach müssen solch ein intensives Training durchlaufen haben – wahrscheinlich fingen sie nur früher damit an und mühten sich mehr als andere.«[75] Er kommt zu folgendem Schluss: »Angestrengtes Üben ist der Schlüssel zum Erfolg – im Schach, in der klassischen Musik, im Sport und auf vielen anderen Gebieten. Nach neuen Forschungsergebnissen spielt Motivation eine wichtigere Rolle als angeborene Fähigkeiten.«[76]

Der amerikanische Psychologe Edward Vogel von der Universität in Eugene (Oregon) bestätigte in Untersuchungen, dass in unser Aufmerksamkeitsfenster (Arbeitsgedächtnis) auf Dauer nur drei bis vier Gegenstände passen. Verantwortlich dafür sind zwei kleine Hirnwülste in den beiden Scheitellappen unseres Gehirns. Die Auswertungen von Hirnstrombildern zeigen einen nur scheinbar paradoxen Zusammenhang: Personen mit besserer visueller Merkfähigkeit merken sich in derselben Situation nur etwa halb so viel wie andere!

Der Grund ist leicht einzusehen: Personen mit besserer Merkfähigkeit blenden schneller Muster aus, auf die es nicht ankommt. Das belegen auch die gemessenen Hirn-Potenziale. Bei Geübten bleiben sie deutlich unter dem Grenzschwellenwert.[77]

Das Team um die Neuro- und Kognitionswissenschaftlerin Susanne Jäggi an der Universität von Michigan zeigte, dass ein stark gefordertes Arbeitsgedächtnis sogar bei Erwachsenen noch mit der Zeit seine Leistungsfähigkeit verbessern kann. Die Folge des Trainings der Aufmerksamkeit sind sogar bessere Ergebnisse in Tests zur Allgemeinintelligenz.[78]

Der Neurowissenschaftler Jan Gläscher vom California Institute of Technology und sein Team werteten Hirnscans von 241 Personen mit Hirnverletzungen aus. Sie fanden bei diesen Untersuchungen heraus, dass die Verbindungsfasern zwischen dem linken Stirnhirn und dem rechten Scheitelhirn den Umfang des Arbeitsgedächtnisses beeinflussen (siehe Abbildung). Auch sie kamen zu dem Ergebnis, dass die Allgemeinintelligenz stark von der Unversehrtheit dieser Hirnareale abhängt, noch stärker jedoch von der Aktivierung der vordersten Spitze des linken Stirnlappens, dem frontopolaren Kortex.[79]

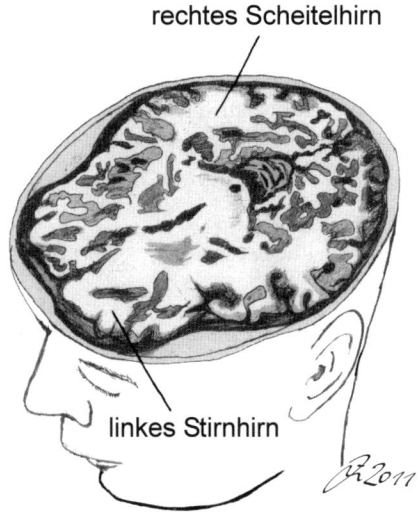

Der schon mehrfach erwähnte Neurobiologe Hüther erklärt das Stirnhirn als wichtige Steuerungseinheit des Gehirns wie folgt: »Sie ist in besonderer Weise daran beteiligt, aus anderen Bereichen des Gehirns eintreffende Erregungsmuster zu einem Gesamtbild zusammenzufügen, und auf diese Weise von ›unten‹, aus tiefer liegenden und früher ausgereiften Hirnregionen eintreffende Erregungen und Impulse zu hemmen und zu steuern. Ohne Frontalhirn kann man keine zukunftsorientierten Handlungskonzepte und inneren Orientierungen entwickeln, kann man nichts planen, kann man nicht die Folgen von Handlungen abschätzen, kann man sich nicht in andere Menschen hineinversetzen und deren Gefühle teilen, auch kein Verantwortungsgefühl empfinden. […] Und es ist die Hirnregion, die in besonderer Weise durch den Prozess strukturiert wird, den wir Erziehung und Sozialisation nennen.«[80]

Die vordersten Bereiche des Stirnhirns unterscheiden sich auch durch ihre Zellstruktur von den restlichen Bereichen sowohl des Stirnhirns als auch des gesamten Gehirns.[81] Die Nervenzellen des Stirnhirns sind immer dann aktiv, wenn Menschen komplizierte Wünsche, Absichten oder Motive verfolgen. Je mehr sich die Verbindungen entwickeln, desto stärker hängt von ihnen das Aktivitätsniveau des gesamten Gehirns ab. Letztendlich bilden sie auch die Grundlage für den allmählich freier werdenden Willen des Menschen.

Die großen Frontallappen des Menschen unterscheiden ihn auch deutlich von seinen nächsten Verwandten, den Bonobos, Schimpansen, Gorillas und Orang Utans.[82] Die Reifung der vorderen Bereiche des Stirnhirns ist beim Menschen erst mit dem Ende des Jugendalters abgeschlossen. Es handelt sich also um die Struktur mit der längsten Entwicklungsgeschichte sowohl in der Evolution des Menschen als auch in seiner Individualentwicklung.

Die physiologische Individualentwicklung des Stirnhirns verläuft dabei nicht kontinuierlich, sondern in Sprüngen: Das Stirnhirn vergrößert sich beim Menschen bis zum vierten Lebensjahr immens und noch einmal in einem zweiten Schub zwischen dem siebenten und achten Lebensjahr.[83]

Folglich haben die kultur- und sozialabhängigen Themen, die Kinder in ihrem Spiel aufgreifen, einen großen Einfluss auf die komplizierten biopsychosozialen Wechselwirkungen, die mit der Entwicklung ihres Stirnhirns einhergehen. Während Kinder sich aus ihrem banalen Alltag spielerisch in die Rolle übermächtiger Erwachsener hineinträumen, formen sie unbewusst wichtige Verbindungen ihres Stirnhirns mit den anderen Teilen ihres Gehirns. Das Gleiche gilt, wenn sie sich komplizierte Regeln beim Murmeln oder Gummitwist ausdenken.

> Zusammenfassung:

Die neuronalen Netzwerke des Stirnhirns sind eine wichtige Bedingung für die Entwicklung von Metakompetenzen. Sie ermöglichen Beziehungskommunikation, Perspektivwechsel, Rollen- und Regelbewusstsein und entwickeln sich in Abhängigkeit von Übungsmöglichkeiten im unmittelbaren sozialen Umfeld der Kinder.

> Reflexion:

Welche Regeln im menschlichen Zusammenleben sind für Sie wichtig? Wie viel Kraft kostet es Sie, sich selbst an diese Regeln zu halten? Woher können Sie die intrinsische Motivation beziehen, diese Regeln einzuhalten?

› **Beobachtung:**

Fordern Sie zunächst Kinder im Spiel auf, Sie nachzuahmen, indem Sie beispielsweise eine Faust ballen oder mit der Hand winken. Nun drehen Sie die Regel um: Die Kinder sollen dann winken, wenn Sie die Faust ballen, und die Faust ballen, wenn Sie winken. Wie gelingt es den Kindern, diese Regel einzuhalten? Wie können Sie die Kinder dabei unterstützen?

Die schon vielfach zitierte Entwicklungspsychologin Gopnik sieht in der langsamen Reifung des Stirnhirns eine wichtige Chance für das spielerische Lernen: »Die mangelhafte Kontrolle durch den präfrontalen Kortex bei jungen Kindern mag als ein großes Manko erscheinen. Doch dieses Handikap dürfte dem Lernen immens zugute kommen. Schließlich hat das genannte Stirnhirngebiet später auch die Aufgabe, gerade unwichtige und nebensächliche Gedanken oder Handlungen zu unterdrücken. Ohne derartige Hemmungen erforscht sich die Welt vermutlich viel unvoreingenommener.«[84]

Ich wünschte mir mehr von dieser Unvoreingenommenheit bei den Verantwortlichen für die frühe Bildung und Erziehung in den Ländern und Kommunen: Wie sieht denn Kindheit in modernen Städten heute aus? Wo gibt es noch Plätze zum Spielen zwischen Schnellstraßen und betonierten Parkplätzen? Und hören wir nicht ständig in den Nachrichten, dass Kinder Opfer von Verbrechen sind? Nie hatten Eltern so viel Angst um ihre Kinder. Das ist erst einmal ein gutes Zeichen. Denn in früheren Jahrhunderten gehörte eine hohe Kindersterblichkeit zum Alltag und regte kaum jemanden sonderlich auf (außer vielleicht die unmittelbaren Angehörigen).

Weltweit sind die häufigsten Ursachen für den Kindstod immer noch Unterernährung und vermeidbare Krankheiten, wie zum Beispiel Malaria und Lungenentzündung. Verglichen mit vielen südasiatischen und südafrikanischen Landstrichen sind die Lebensbedingungen für Kinder in Deutschland nahezu paradiesisch.

Die diffuse Angst, den Kindern nicht gerecht werden zu können, ist aber auch ein ernst zu nehmender Stressfaktor. Soziale und finanzielle Unsicherheiten belasten die frühe Eltern-Kind-Interaktion. Mit ihren Unsicherheiten und Ängsten allein gelassene Eltern neigen zur Vernachlässigung oder zur devoten Anpassung an ihre Kinder. Beides kann zu fatalen Entwicklungsstörungen führen. An wen können sich Eltern mit ihren Erziehungsproblemen wenden, ohne gleich als unfähig oder Rabeneltern abgestempelt zu werden?

Zu Fröbels Idee des Kindergartens gehörte von Anfang an die Elternberatung. Aufgrund der wachsenden Entlastungs- und Integrationsfunktion, die auf den Schultern des Personals an Kindergärten ruht, kommt deren wichtige Aufklärungsfunktion leicht zu kurz. Bei Überforderung sind Schuldzuweisungen an die Eltern oft nichts als Selbstverteidigung, aber fast immer kontraproduktiv. Eigentlich wären Kindergärten ideal als lokale Forschungs- und Weiterbildungszentren, in denen gestresste Eltern Verständnis, Hilfe und Unterstützung erfahren können.

Das explosionsartig zunehmende Wissen um die frühe Kindheit wäre längst ein Grund, Vorschulerziehung flächendeckend an den Universitäten zu lehren. Hier zu sparen ist fatal. Vergessen wir nicht: Eine kinderfreundliche Gesellschaft ist auch immer eine ökologische und menschenfreundliche Gesellschaft. Im globalisierten Wettbewerb sind dies Standortfaktoren, die schon heute die Entscheidungen dringend benötigter, qualifizierter Arbeitskräfte beeinflussen.

Eine kinderfreundliche Gesellschaft kann ich mir ohne Respekt vor dem Spiel nicht vorstellen. Der erste Teil beschäftigte sich damit, dass das Spiel für die Entwicklung der Fantasie und des abstrakten Denkens unverzichtbar ist. Ohne Fantasie wären wir Sklaven unserer Wahrnehmung im Hier und Jetzt. Die Fähigkeit des Menschen, seine Zukunft zu planen, nimmt seinen Anfang im freien Spiel. Deshalb sollte das Spiel im Vorschulalter einen zentralen Platz in der Erziehung einnehmen.

Der zweite Teil kommt zu dem Schluss, dass die Spielentwicklung von Kindern nicht linear verläuft, sondern in Sprüngen. Das gemeinsame Spiel mit Gleichaltrigen und die generationsübergreifenden, spielerischen Dialoge sind für die Entwicklung verschiedener Spielstufen (Objekt-, Sujet-, Rollen- und Regelspiel) unverzichtbar. Im Idealfall können Kindergärten die spielerischen Eltern-Kind-Dialoge ergänzen und bestärken. Sie können Eltern Mut machen, ihrer Intuition besser zu vertrauen, und sie mit vielfältigen erzieherischen Anregungen und Spielideen versorgen, die auf experimenteller Beobachtung der Zone der aktuellen und der nächsten Entwicklung des jeweiligen Kindes beruhen.

Die Pädagogin Kerstin Ziemen (*1962) von der Universität Köln warnt zu Recht davor, Kompetenzen ausschließlich über Abschlüsse, Zertifikate, Zeugnisse und Titel zu definieren: »Kompetenzen durch Beobachtung von Verhaltensweisen, Handlungen und Aktivitäten zu erkennen und ebenso anzuerkennen gehört zur zentralen Tätigkeit jedes Pädagogen.«[85]

Im dritten Teil habe ich die enge Verbindung gezeigt, die zwischen der Spielentwicklung und der bewussten Steuerung der Aufmerksamkeit auf Wesentliches besteht. Ohne die intrinsische Motivation, die für das Spiel so charakteristisch ist, wäre das Training einer bewussten Aufmerksamkeitssteuerung ein Kraftakt, der mit viel Drill und Frustration verbunden wäre. Im Spiel vollzieht sich diese Entwicklung nicht gegen, sondern mit der Kraft der Kinder. Dass dieser Zusammenhang in unserer oft zu einseitig an Leistung orientierten Zeit besser verstanden würde – nichts wünsche ich mir mehr. Wir brauchen keine verschulten Kindergärten. Vielmehr sollten Schulen lernen, in Bildungsfragen stärker auf intrinsische Motivation zu setzen, wie sie nur das entwicklungsfördernde Spiel hervorbringen kann.

Das Schlusswort möchte ich Fröbel überlassen. Mit ihm hat schließlich alles angefangen (und mit eigenen Worten hätte ich das niemals so romantisch hinbekommen wie er):

»Das Spiel dieser Zeit ist […] nicht Spielerei; es hat hohen Ernst und tiefe Bedeutung; pflege es, Mutter, schütze, behüte es, Vater! – dem ruhigen, durchdringenden Blicke des echten Menschenkenners liegt in dem freitätig gewählten Spiele des Kindes dieses Zeitraums das künftige innere Leben desselben offenbar vor Augen. Die Spiele dieses Alters sind die Herzblätter des ganzen künftigen Lebens; denn der ganze künftige Mensch entwickelt sich und zeigt sich in denselben in seinen feinsten Anlagen, in seinem inneren Sinn.«[86]

Nachwort

Erst hat man die Spiele der Kinder verlacht, später ignoriert und dann bekämpft. Nun gelten sie zu Unrecht als eine der selbstverständlichsten Nebensachen der Welt.

Nur manchmal, zum Beispiel zu Weihnachten, poliert man ihren seit Fröbel matt gewordenen Glanz noch einmal auf: Eltern spielen für ihre Kinder Weihnachtsmann oder Christkind, entstauben ihre Blockflöten und stimmen die rostigen Saiten ihrer Gitarren. Dann aber beginnt er: der Geschenketerror. Prall mit Süßigkeiten und Spielzeugen gefüllte Adventskalender wecken nur noch sentimentale Erinnerungen an eine Zeit, als noch geheimnisvolle Märchenbilder hinter den aufklappbaren Fenstern lockten.

Sicher, man kann den Verlust der Spielromantik beklagen. Aber aus einem romantisch unverstellten Blick treten Konturen schärfer hervor: Spiel ist mehr als Lernen. Die Verstrickung biologischer und kultureller Einflüsse im Spiel erzeugt Metakompetenzen: Fantasie, Abstraktion, Selbstbewusstsein, Perspektivwechsel, Vorausschau, Frustrationstoleranz, Kooperationsfähigkeit, Kreativität und Solidarität. Kurz: Im Spiel entwickeln die Kinder ihre einmalige, mit keinem anderen Menschen vergleichbare Persönlichkeit.

Die aktuelle Erziehungsdiskussion kreist jedoch um eine andere Frage: Wie viel Druck und Disziplin brauchen Kinder? Meinungsführer in dieser Diskussion ist der ehemalige Lehrer und Erzieher an der Odenwaldschule und spätere Leiter des Internats »Schloss Salem«: Bernhard Bueb (*1938). Sein Lob der Disziplin[1] trifft ins Herz einer sich ausbreitenden tiefen Verunsicherung in der Mittelschicht. Ein Gespenst geht um in Europa: die Angst vor dem Wirtschaftswunderland China. Man befürchtet den unaufhaltsamen Abstieg des Westens, wegen seiner angeblich dekadenten (in Wahrheit aber schwer erkämpften) Achtung der Persönlichkeitsrechte von Kindern.

Unter dem Druck einer Wirtschaftskrise werden Forderungen lauter, das Bildungssystem nach betriebswirtschaftlichen Maßstäben zu optimieren. Keine Institution bleibt von diesem Erwartungsdruck verschont, weder Kindergarten noch Schule – und schon gar nicht die Familie. Doch wollen wir wirklich die modernen Errungenschaften elterlicher Fürsorge durch Rückfall in überholte Formen der elterlichen Gewaltausübung aufs Spiel setzen? Brauchen wir wirklich mehr blinden Gehorsam, Härte und Disziplin?

Eine Karikatur des derzeitig grassierenden Förderwahns ist die US-amerikanische Rechtswissenschaftlerin Amy Chua (*1962). Sie beschreibt mit entwaffnender Ehrlichkeit ihren von Ehrgeiz zerfressenen drakonischen Erziehungsstil. Oberflächlich betrachtet geben ihr die schulischen und künstlerischen Erfolge ihrer Töchter recht.

Mit ihrem Buch »Die Mutter des Erfolgs – Wie ich meinen Kindern das Siegen beibrachte«[2] erlaubt Chua uns einen Blick hinter den Vorhang ihrer bühnenreifen Dressurleistung: Mit Erpressung und Bestechung stachelte sie ihre Kinder zu musikalischen Höchstleistungen auf. Wenn diese sich einen Widerspruch erlaubten, drohte die Tigermama (wie sich Chua selbst bezeichnet) mit Verbrennung der Spielsachen, Strafarbeiten, Nahrungsentzug und anderen Formen der Ausübung elterlicher Gewalt.[3] Was lernen Kinder, die man immer wieder erpresst und besticht, damit sie ihr Lernprogramm absolvieren? Antwort: In erster Linie die Wirksamkeit von Erpressung und Bestechung.

Obwohl Chua Stärke und Selbstbewusstsein als Erziehungsziele auf ihre Fahnen schreibt, steht sie dazu, dass sie ihre Kinder sogar schon als Müll beschimpft hat.[4] Sie beruft sich auf chinesische Familientraditionen: Konfuzianismus und staatlichen Drill, das Kollektiv ist alles – der Einzelne nichts. Schließlich beruht der wirtschaftliche Aufschwung in China nicht in erster Linie auf Kreativität und Individualität, sondern auf konkurrenzlos niedrigen Löhnen.

Dass der Erziehungsstil der Mutter des Erfolgs nichts mit Selbstbewusstsein zu tun haben kann, ahnt man, wenn man ihre eigenen selbstzerstörerischen Monologe liest: »Ich bin eine Banausin. Prokofjew war ein Genie. Ich bin ein Kretin. Wei-Yi und Prokofjew sind überragend. Ich bin eine Kannibalin.«[5]

Diese erniedrigenden Selbstabwertungen überträgt Chua schon im Vorschulalter auf ihre Töchter, die sie beim Üben mit Tunnelblick auf den Erfolg überwachte und mit Kommentaren beleidigte, wie: »[…] du wirst immer nur schlechter und schlechter.«, »Ich zähle jetzt bis drei, dann erwarte ich *Musikalität*!«, »Wenn das beim nächsten Mal nicht PERFEKT ist, NEHME ICH DIR SÄMTLICHE STOFFTIERE WEG UND VERBRENNE SIE«.[6]

Welche Auswirkungen solche Kommentare auf die egozentrische Sprache und späteren inneren Monologe der Kinder haben, lässt sich leicht ausmalen. Der Wert von Chuas Buch liegt darin, dass sie uns einen Eindruck von den inneren Stürmen in den Köpfen ihrer mit Kontrollwahn und ständigen

Vergleichen drangsalierten Töchter gibt. Und nicht zuletzt auch darin, dass die grausame Mutter des Erfolgs am Ende ihr Scheitern gesteht.

Die Frage nach den Entwicklungsbedingungen von Kindern ist auch immer eine Frage an uns selbst: Woher kommen wir und wie sind wir zu dem geworden, was wir heute sind. Der US-amerikanische Psychologe Marshall Rosenberg (*1934) empfiehlt sogar Erwachsenen: »Tue nichts, was du nicht aus spielerischer Freude heraus tust!«[7] Nur so können wir nach seinen klinischen Erfahrungen den destruktiven Teufelskreisen von Depression, Schuld, Scham und Selbstmordgedanken entkommen.

Wir sind es gewohnt, bei Fehlern und Misserfolgen entweder andere zu beschuldigen oder uns selbst. Als typische Aussagen für Selbstbeschuldigungen führt Rosenberg an: »Das war blöd von mir!« oder »Wie konnte ich nur so etwas Dummes tun?«[8]

Rosenberg schreibt zu dieser weitverbreiteten Art der Selbstbewertung: »Diese Selbstkritik geht davon aus, dass es einem schlecht gehen soll für das, was man getan hat: Das hat man schließlich verdient. Es ist tragisch, dass sich so viele von uns in Selbsthass verstricken, statt aus Fehlern Nutzen zu ziehen, denn Fehler zeigen uns unsere Grenzen und damit unsere Wachstumschancen auf.«[9]

Wo, wenn nicht im Spiel, sollen Kinder lernen, aus Fehlern Nutzen zu ziehen? Als Erwachsene haben wir gelernt, andere für uns spielen zu lassen: Wir bestaunen Kunstobjekte und Sujetmalerei in Galerien, versetzen uns in die Rollen von literarischen Figuren auf Bühne und Leinwand, genießen virtuose Gesangsdarbietungen und Tänze nach allen Regeln der Kunst, drücken in Wettbewerben unseren Sportidolen und Gesangsstars die Daumen. Wenn Meisterleistungen anderer Personen in Sport, Spiel und Kunst helfen, uns zu entspannen und mit ihnen mitzufiebern, oder uns sogar Mut machen und anspornen, es selbst zu versuchen, dann ist alles in bester Ordnung.

Wenn wir uns jedoch beim Vergleich mit Künstlern und Sportlern schlechter fühlen, Neid entwickeln oder uns selbst abwerten, dann läuft etwas grundsätzlich schief. Ich finde, wir können da von Kindern viel lernen: Sie suchen sich eine für sie maßgeschneiderte kleine Auswahl aus den unzähligen Möglichkeiten von Objekt-, Sujet-, Rollen-, Regel- und Wettspielen aus, um im Kontakt mit ihren eigenen Bedürfnissen zu bleiben. Auch wir Erwachsenen sollten die intrinsische Motivation im Spiel als unerschöpfliche Quelle unserer Kreativität und Leistungsfähigkeit öfter anzapfen. Was Amy Chua als Mutter misslang, ist ihr schließlich als Autorin zweifelsfrei geglückt: authentisch zu sein.

Am Schluss möchte ich mich bei Ihnen dafür bedanken, dass Sie den Stationen meines Rundgangs gefolgt sind: Fröbels Spielidee, Skinners Entdeckung der Erfolgsrückmeldung, Montessoris Untersuchung der Aufmerksamkeit, Lewins Würdigung der Fantasie, Piagets Spiel- und Stufentheorie, Wygotskis Analyse der Eltern-Kind-Kommunikation und aktuelle Hirn- und Entwicklungsforschungsergebnisse. Jede Station hat das Ihre dazu beigetragen, das Wesen des Spiels klarer hervortreten zu lassen. Ich hoffe, dass Sie nun wie ich im freien Spiel einen zu unrecht verworfenen Schlüssel zum Erziehungserfolg erkennen. Nun liegt es an Ihnen, den Schlüssel zu drehen und das Tor für die Kinder weit zu öffnen.

Es ist jetzt Mitte März. Hier in Hamburg ist die Luft auf einmal angenehm mild und gegen Mittag verheizt die Sonne mit ungewohnter Kraft die schmutzigen Schneereste. An Blumen fehlt es noch, abgesehen von vereinzelten Schneeglöckchen, Winterlingen und Krokussen. Auch die Singvögel halten sich noch zurück. Eine erste Ahnung vom nahenden Frühling vermitteln lärmende Kinder. Mit bunter Kreide bemalen sie die Bordsteine. Noch ahnen die so fröhlich miteinander spielenden Kinder nichts von den vielen ungelösten Problemen, die ihnen unsere Generation hinterlassen wird. Werden sie bessere Antworten geben als wir? Werden sie Lösungen für die drängenden Probleme unserer zukünftigen Existenz auf diesem Planeten finden? Geben wir ihnen Raum und Zeit, die dafür notwendige Fantasie zu entwickeln!

Anmerkungen

Teil I: Spiel befreit das Denken von der Wahrnehmung

1. Lange, W. (1862) (Hg.): Friedrich Fröbels gesammelte pädagogische Schriften, Band 1, Berlin, S. 465.
2. Schiller, F. (1985): Über Wirklichkeit und Kunst. Schriften und Briefe zur Ästhetik. Leipzig, S. 279.
3. Lange, W. (1862) (Hg.): Friedrich Fröbels gesammelte pädagogische Schriften. Band 1, Berlin, S. 39–40.
4. Coppius, M. (1916): Pflanzen und Jäten in Kinderherzen. Erlebtes und Erfahrenes für Mütter und Erzieherinnen. Leipzig.
5. Kahl, R. (2006): Treibhäuser der Zukunft. Wie in Deutschland Schulen gelingen. 3. Aufl., Weinheim.
6. Miller, A. (1983): Am Anfang war Erziehung. Frankfurt/M., S. 225.
7. Bauer, J. (2010): Das Gedächtnis des Körpers. Wie Beziehungen und Lebensziele unsere Gene steuern. Frankfurt/M., S. 194; Lupien, S. et al. (2009): Effects of Stress Throughout the Lifespan on the Brain, Behaviour and Cognition. In: Nature Reviews Neuroscience 10, S. 434–445; McGowan, P. O. et al. (2009): Epigenetic regulation of the glucocorticoid receptor in human brain associates with childhood abuse. In: Nature Neuroscience 12, S. 342–348; Andersen, S. L. et al. (2008): Preliminary Evidence for Sensitive Periods in the Effect of Childhood Sexual Abuse on Regional Brain Development. In: The Journal of Neuropsychiatry and Clinical Neurosciences 20, S. 292–301.
8. Bauer, J. (2010): Das Gedächtnis des Körpers. Wie Beziehungen und Lebensziele unsere Gene steuern. Frankfurt/M., S. 193.
9. Spitzer, M. (2006): Lernen. Gehirnforschung und die Schule des Lebens. Heidelberg, S. 371.
10. Gopnik, A. (2010): Kleinkinder begreifen mehr. In: Spektrum der Wissenschaft 10, S. 69.
11. Vaish, A. et al. (2010): Young children selectively avoid helping people with harmful intentions. In: Child Development 81 (6), S. 1661–1669.
12. Hüther, G. (2010): Geleitwort. In: Korittko, A. et al. (Hg.): Traumatischer Stress in der Familie. Göttingen, S. 13.
13. Locke, J. (1690; 2006): Ein Versuch über den menschlichen Verstand. Hamburg, S. 107–108.
14. Watson, J. B. (1930): Behaviorism. Chicago, S. 82.
15. Watson, J. B. und Rayner, R. (1920): Conditioned emotional reactions. In: Journal of Experimental Psychology, 3(1), S. 1–14.
16. Pawlow, I. P. (1998): Gesammelte Werke über die Physiologie und Pathologie der höheren Nerventätigkeit. Würzburg.
17. Frank, H. et al. (1993): Kybernetische Pädagogik. Berlin, S. 25.
18. Slater, L.(2005): Von Menschen und Ratten. Die berühmten Experimente der Psychologie. 2. Aufl.. Weinheim, S. 13–44.
19. Hebb, D. O. (1973): Einführung in die moderne Psychologie. 7. Aufl.. Weinheim, S. 159.
20. Olds, J., and Milner, P. (1954): Positive reinforcement produced by electrical stimulation of septal area and other regions of rat brain. In: Journal of Comparative & Physiological Psychology 47(6), S. 419–27.
21. Hebb, D. O. (1973): Einführung in die moderne Psychologie. 7. Aufl.. Weinheim, S. 220.

22 Brand, S. und Rakic, P. (1980): Neurogenesis of the nucleus accumbens septi and neighboring septal nuclei in the rhesus monkey: A combined [3H]thymidine and electron microscopic study. In: Neuroscience 5(12), S. 2125–2129.
23 Hebb, D. O. (1973): Einführung in die moderne Psychologie. 7. Aufl.. Weinheim, S. 222.
24 Skinner, B. F. (1970): Die Wissenschaft vom Lernen und die Kunst des Lehrens. In: Werner Correll (Hg.): Programmiertes Lernen und Lehrmaschinen. 4. Aufl.. Braunschweig, S. 79.
25 Tomasello, M. (2009): Die Ursprünge der menschlichen Kommunikation. Frankfurt/M., S. 151.
26 Warneken, F. und Tomasello, M. (2008): Extrinsic Rewards Undermine Altruistic Tendencies in 20-Month-Olds. In: Developmental Psychology, 44(6), S. 1785–1788.
27 Mogel, H. (2008): Psychologie des Kinderspiels. 3. Aufl.. Heidelberg: Springer, S. 211.
28 Spitzer, M. (2006): Lernen. Gehirnforschung und die Schule des Lebens. Heidelberg, S. 382.
29 Heiland, H. (1993): Maria Montessori. 3. Aufl.. Reinbek, S. 83–91.
30 Montessori, M. (1976): Schule des Kindes. Montessori-Erziehung in der Grundschule. 4. Aufl.. Freiburg, S. 109–113; Zimpel, A. F. (2008): Der zählende Mensch. Was Emotionen mit Mathematik zu tun haben. Göttingen, S. 69–86.
31 Montessori, M. (1997): Kinder sind anders. 12. Aufl.. München, S. 120.
32 Montessori, M. (1976): Schule des Kindes. Montessori-Erziehung in der Grundschule. 4. Aufl.. Freiburg, S. 94–95.
33 Montessori, M. (1992): Kinder sind anders. 7. Aufl.. München, S. 127.
34 Spencer, H. (1855): Spiele als Sekundärbetätigung bei Kraftüberschuss. In: Scheuerl, H. (1975) (Hg.): Theorien des Spiels. 10. Aufl., Weinheim, S. 55–57.
35 Montessori, M. (1976): Schule des Kindes. Montessori-Erziehung in der Grundschule. 4. Aufl.. Freiburg, S. 107.
36 Montessori, M. (1992): Kinder sind anders. 7. Aufl.. München, S. 199.
37 Leontjew, A. N. (1975): Probleme der Entwicklung des Psychischen. Berlin, S. 344–355.
38 Stern, W. (1924): Das »Ernstspiel« der Jugendzeit. In: Zeitschrift für pädagogische Psychologie und Jugendkunde 25, S. 243.
39 Stern, W. (1929): Ernstspiel als Verhalten und als Erlebnis. In: Zeitschrift für pädagogische Psychologie und Jugendkunde 30, S. 9–16.
40 Ebenda, S. 12.
41 Kramer, R. (1995): Maria Montessori – Biographie. Frankfurt am Main, S. 373–374.
42 Montessori, M. (1994): Kinder lernen schöpferisch. 4. Aufl.. Freiburg, S. 26.
43 Neubauer, A. (2002): Jäten im Gehirn. In: Gehirn und Geist 2, S. 46.
44 Brunak, S. und Lautrup, B. (1993): Neuronale Netze: Die nächste Computer-Revolution. München, S. 82–130.
45 Neubauer, A. (2002): Jäten im Gehirn. In: Gehirn und Geist 2, S. 46.
46 Kramer, R. (1995): Maria Montessori – Biographie. Frankfurt am Main, S. S.181.
47 Montessori, M. (1997): Kinder sind anders. 12. Aufl., München, S. 46–47.
48 Gopnik, A., Meltzoff, A. N. und Kuhl, P. K. (2000): Forschergeist in Windeln. Wie ihr Kind die Welt begreift. Kreuzlingen, S. 127–138.
49 Pascalis, O. et al. (2002): Is Face Processing Species-Specific During the First Year of Life? In: Science 296(5571), S. 1321–1323.
50 Zimpel, A. F. (2008): Der zählende Mensch. Was Emotionen mit Mathematik zu tun haben. Göttingen, S. 80–84; Schwering, J. (2010): Epilepsie und Aufmerksamkeit. In: Zimpel, A. (Hg.): Zwischen Neurobiologie und Bildung. Göttingen, S. 113–114.
51 Montessori, M. (1976): Schule des Kindes. Montessori-Erziehung in der Grundschule. 4. Aufl.. Freiburg, S. 69–119.
52 Tang, Y.-Y. et al. (2010): Short-term meditation induces white matter changes in the anterior cingulate. In: Proceedings of the National Academy of Sciences 107(35), S. 15649–15652.
53 Posner, M. I. und Raichle, M. E. (1996): Bilder des Geistes. Hirnforscher auf den Spuren des Denkens. Heidelberg, S. 187.
54 Montessori, Maria (1994): Kinder lernen schöpferisch. 4. Aufl.. Freiburg, S. 141.

55 Montessori, M. (1976): Schule des Kindes. Montessori-Erziehung in der Grundschule. 4. Aufl.. Freiburg, S. 27–28.
56 Montessori, M. (1995): Kinder lernen schöpferisch. Die Grundgedanken für den Erziehungsalltag mit Kleinkindern. 4. Aufl.. Freiburg, S. 127–130.
57 Lewin, K. (1931): Sachlichkeit und Zwang in der Erziehung zur Realität. In: Graumann, C.-F. (1982): Kurt Lewin Werkausgabe. Band 6. Psychologie der Entwicklung und Erziehung. Bern, S. 222.
58 Lewin, K. (1929): Klein-Günther. In: Lück, H.E. (1989) (Hg.): Kurt Lewin. (video: VHS) Fernuniversität, Hagen; Lewin, K. (1929): Die Auswirkung von Umweltkräften. In: Graumann, C.-F. (1982) (Hg.): Kurt Lewin Werkausgabe. Band 4: Feldtheorie. Stuttgart, S. 327–329.
59 Lück, H. E. (1989): Kurt Lewin. (video:VHS) Fernuniversität Hagen.
60 Lewin, K. (1943): Psychologie and the process of group living. In: Journal of Social Psychology 17, S. 113–131.
61 Lewin, K. (1931): Sachlichkeit und Zwang in der Erziehung zur Realität. In: Graumann, C.-F. (1982): Kurt Lewin Werkausgabe. Band 6. Psychologie der Entwicklung und Erziehung. Bern, S. 218.
62 Ebenda, S. 217.
63 Ebenda.
64 Ebenda, S. 220.
65 Bläsius, J. (2006): Gehen auf der Linie. Eine Bewegungsübung nach Maria Montessori. Dortmund, S. 41.
66 Montessori, M. (1992): Kinder sind anders. 7. Aufl.. München, S. 57.
67 Tippmann-Peikert, M. et al. (2007): Pathologic gambling in patients with restless legs syndrome treated with dopaminergic agonists. In: Neurology 68, S. 301–303.
68 Potenza, M. N. et al. (2007): Drug Insight: impulse control disorders and dopamine therapies in Parkinson's disease. In: Nature Reviews Neurology 3, S. 664–672.
69 Lewin, K. (1933): Eine dynamische Theorie des Schwachsinnigen. In: Graumann, C.-F. (1982): Kurt Lewin Werkausgabe. Band 6. Psychologie der Entwicklung und Erziehung. Bern, S. 225–266.
70 Montessori, M. (1992): Kinder sind anders. 7. Aufl.. München, S. 120.
71 Lewin, K. und Lippitt, R. (1938): An experimental approach to the study of autocracy and democracy: a preliminary note. In: Sociometry 1, S. 292–300.

Teil II: Spiel zeigt die nächste Entwicklungsstufe

1 Piaget, J. (1968): Sprechen und Denken. 7. Aufl., Düsseldorf, S. 18–20.
2 Ebenda, S. 43.
3 Ebenda, S. 70.
4 Ebenda, S. 77–78.
5 Montessori, M. (1994): Kinder lernen schöpferisch. 4. Aufl.. Freiburg: Herder, S. 53.
6 Piaget, J. (1969): Nachahmung, Spiel und Traum. Die Entwicklung der Symbolfunktion beim Kinde. Stuttgart, S. 117.
7 Ebenda, S. 117.
8 Lilly, J. C. (1996): Tanks for the Memories. Floatation Tank Talks. Nevada
9 Piaget, J. (1976): Die Äquilibration der kognitiven Strukturen. Stuttgart.
10 Piaget, J. (1969): Das Erwachen der Intelligenz beim Kinde. Stuttgart, S. 33–335.
11 Gopnik, A., Meltzoff, A. N. und Kuhl, P. K. (2000): Forschergeist in Windeln. Wie Ihr Kind die Welt begreift. Kreuzlingen, S. 32.
12 Piaget J. (1969): Nachahmung, Spiel und Traum. Die Entwicklung der Symbolfunktion beim Kinde. Stuttgart, S. 120.
13 Berns, G. (2006): Satisfaction. Warum nur Neues uns glücklich macht. Frankfurt/M., S. 182.

14 Rizzolatti, G. und Sinigaglia, C. (2008): Empathie und Spiegelneurone. Die biologische Basis des Mitgefühls. Frankfurt/M., S. 120.
15 Rizzolatti, G., Fogassi, L., Gallese, V. (2007). Spiegel im Gehirn. In: Spektrum der Wissenschaft 3, S. 55.
16 Piaget, J. (1969): Nachahmung, Spiel und Traum. Die Entwicklung der Symbolfunktion beim Kinde. Stuttgart, S. 24–25.
17 Ebenda, S. 27.
18 Ebenda, S. 73.
19 Ebenda, S. 88.
20 Pulaski, M. A. (1978): Piaget. Eine Einführung in seine Theorien und sein Werk. Frankfurt/M., S. 103.
21 Lieberman, J. N. (1966): Playfulness: An attempt to conceptualize the quality of play and the player. In: Psychological Reports 19, S. 1278.
22 Leontjew, A. N. (1985): Das Schaffen Wygotskis. In: Lompscher, J. (Hg.): Lew Wygotski – Ausgewählte Schriften. Band 1: Arbeiten zu theoretischen und methodologischen Problemen der Psychologie. Berlin, S. 41.
23 Wygotski, L. (1987): Das Problem der Altersstufen und die Dynamik der Entwicklung. In: Lompscher, J. (Hg.): Lew Wygotski – Ausgewählte Schriften. Band 2: Arbeiten zur psychischen Entwicklung der Persönlichkeit. Berlin, S. 80.
24 Wygotski, L. S. (1974): Denken und Sprechen. 5. Aufl.. Frankfurt/M., S. 38.
25 Ebenda, S. 37.
26 Wygotski, L. S. (1987): Das Kleinkindalter. In: Lompscher, J. (Hg.): Lew Wygotski – Ausgewählte Schriften. Band 2: Arbeiten zur psychischen Entwicklung der Persönlichkeit. Berlin, S. 210.
27 Wygotski, L. S. (1976): Psychologie der Kunst. Dresden, S. 290–291.
28 Nietzsche, F. (1887; 1982): Die Fröhliche Wissenschaft. Frankfurt/M., S. 100–101.
29 Nietzsche, F. (1886; 1999): Also sprach Zarathustra. In: Ulfig, A. (Hg.): Friedrich Nietzsche – Ausgewählte Werke. Köln, S. 482.
30 Spitzer, M. (2006): Lernen. Gehirnforschung und die Schule des Lebens. Heidelberg, S. 181.
31 Piaget, J. (1969): Nachahmung, Spiel und Traum. Die Entwicklung der Symbolfunktion beim Kinde. Stuttgart, S. 214.
32 Wygotski, L. S. (1974): Denken und Sprechen. 5. Aufl.. Frankfurt/M., S. 324–326.
33 Luria, A. R. (1991): Der Mann dessen Welt in Scherben ging. Reinbek, S. 163.
34 Vygodskaja, G. L. und Lifanova, T. M. (2000): Lev Semjonovic Vygotskij. Leben – Tätigkeit – Persönlichkeit. Hamburg, S. 187–188.
35 Berk, L. E. (1995): Kindliche Selbstgespräche und mentale Entwicklung. Spektrum der Wissenschaft 1, S. 72.
36 Zimpel, A. F. (2008): Der zählende Mensch. Was Emotionen mit Mathematik zu tun haben. Göttingen, S. 104–123.
37 Wygotski, L. S. (1974): Denken und Sprechen. 5. Aufl.. Frankfurt/M., S. 39.
38 Kant, I. (1783; 1989): Prolegomena zu einer jeden künftigen Metaphysik, die als Wissenschaft wird auftreten können. Stuttgart, S. 45.
39 Hegel, G. W. F. (1807; 2005): Phänomenologie des Geistes. Paderborn, S. 642.
40 Wygotski, L. S. (1935): Problema umstwennoi otstalosti. In: Wygotski, L. S. (1983): Sobranie sotschineni, tom 5, Moskau, S. 231–256.
41 Wygotski, L. S. (1987): Das Problem der Altersstufen und die Dynamik der Entwicklung. In: Lompscher, J. (Hg.): Lew Wygotski – Ausgewählte Schriften. Band 2: Arbeiten zur psychischen Entwicklung der Persönlichkeit. Berlin, S. 608.
42 Luria, A. und Judowitsch, F. (1972): Die Funktion der Sprache in der geistigen Entwicklung des Kindes. 2. Aufl., Düsseldorf, S. 110.
43 Ebenda, S. 135.
44 Ebenda.
45 Marten, Ken et al. (1996): Luftblasenspiele Großer Tümmler. In: Spektrum der Wissenschaft 10, S. 80.

46 Kahlenberg, S. M. und Wrangham, R. W. (2010): Sex differences in chimpanzees' use of sticks as play objects resemble those of children. In: Current Biology 20 (24), S. 1067–1068.
47 Bühler, K. (1921): Die geistige Entwicklung des Kindes. 2. Aufl., Jena, S. 77.
48 Wygotski, L. S. (1987): Das Kleinkindalter. In: Lompscher, J. (Hg.): Lew Wygotski – Ausgewählte Schriften. Band 2: Arbeiten zur psychischen Entwicklung der Persönlichkeit. Berlin, S. 526.
49 Montessori, M. (1976): Schule des Kindes. Montessori-Erziehung in der Grundschule. 4. Aufl., Freiburg, S. 240.
50 Ebenda, S. 241.
51 Gopnik, A. (2009): Kleine Philosophen. Was wir von unseren Kindern über Liebe, Wahrheit und den Sinn des Lebens lernen können. Berlin, S. 104.
52 Montessori, M. (1976): Schule des Kindes. Montessori-Erziehung in der Grundschule. 4. Aufl., Freiburg, S. 238–239.
53 Wygotski, L. S. (1980): Das Spiel und seine Bedeutung in der psychischen Entwicklung des Kindes. In: Elkonin, D.: Psychologie des Spiels. Berlin, S. 444.
54 Hüther, G. (2010): Die Macht der inneren Bilder. Wie Visionen das Gehirn, den Menschen und die Welt verändern. Göttingen, S. 30.
55 Wygotski, L. S. (1980): Das Spiel und seine Bedeutung in der psychischen Entwicklung des Kindes. In: Elkonin, D.: Psychologie des Spiels. Berlin, S. 462.
56 Ebenda, S. 443.

Teil III: Spiel und das Optimum der Aufmerksamkeit

1 Gopnik, A., Meltzoff, A. N. und Kuhl, P. K. (2000): Forschergeist in Windeln. Wie ihr Kind die Welt begreift. Kreuzlingen, S. 111–112.
2 Hill, J. et al. (2010): Similar patterns of cortical expansion during human development and evolution. In: Proceedings of the National Academy of Sciences 107(29), S. 13135–13140.
3 Mampe, B. et al. (2009): Newborns' Cry Melody Is Shaped by Their Native Language. In: Current Biology, 19 (23), S. 1994–1997.
4 Winkler, I. et al. (2009): Newborn infants detect the beat in music. In: Proceedings of the National Academy of Sciences, 106 (7), S. 2468–2471.
5 Lassonde, M. et al. (2010): Mother and Stranger: An Electrophysiological Study of Voice Processing in Newborns. In: Cereb. Cortex (2010) doi: 10.1093/cercor/bhq242, First published online: December 13, 2010.
6 Tomasello, M. und Farrara, M. J. (1985): Object permanence and relational words: a lexical training study. In: Journal of Child Language 11, S. 477–493.
7 Gopnik, A., Meltzoff, A. N. und Kuhl, P. K. (2000): Forschergeist in Windeln. Wie Ihr Kind die Welt begreift. Kreuzlingen, S. 110.
8 Pauen, S. (2007): Was Babys denken. Eine Geschichte des ersten Lebensjahres. 2. Aufl., München, S. 113–114.
9 Tomasello, M. (2009): Die Ursprünge der menschlichen Kommunikation. Frankfurt/M., S. 123.
10 Tomasello, M. (2009): Die Ursprünge der menschlichen Kommunikation. Frankfurt/M., S. 126–127.
11 Sacks, O. (1990): Stumme Stimmen. Reise in die Welt der Gehörlosen. Reinbek, S. 132.
12 Ebenda, S. 133
13 Wittgenstein, L. (1990): Tractatus logico–philosophicus, Philosophische Untersuchungen. Leipzig, S. 101.
14 Herrmann, E. et al. (2007): Humans Have Evolved Specialized Skills of Social Cognition: The Cultural Intelligence Hypothesis. In: Science 317(5843), S. 1360–1366.

15 de Waal, F. B. M. et al. (2005): The monkey in the mirror: Hardly a stranger. In: Proceedings of the National Academy of Sciences 102(32), S. 11140–11147.
16 Donald, M. (2008): Triumph des Bewusstseins. Die Evolution des menschlichen Geistes. Stuttgart, S. 148.
17 Ebenda, S. 151.
18 Heimlich, U. (2001): Einführung in die Spielpädagogik. Bad Heilbrunn, S. 30.
19 Elkonin, D. (1980): Psychologie des Spiels. Berlin, S. 260.
20 Ebenda, S. 261.
21 Wygotski, L. S. (1987): Das Problem der Altersstufen und die Dynamik der Entwicklung. In: Lompscher, J. (Hg.): Lew Wygotski – Ausgewählte Schriften. Band 2: Arbeiten zur psychischen Entwicklung der Persönlichkeit. Berlin, S. 213.
22 Ebenda, S. 214.
23 Heimlich, U. (2001): Einführung in die Spielpädagogik. Bad Heilbrunn, S. 34–35.
24 Oerter, R. (1999): Psychologie des Spiels. Ein handlungstheoretischer Ansatz. Weinheim, S. 96–99.
25 Slawina, L. S. (1948): O raswitii motiwow igrowoi dejatelnosti w doschkolnom wosraste. Moskau, S. 17–18.
26 Elkonin, D. (1980): Psychologie des Spiels. Berlin, S. 275–276.
27 Wygotski, L. S. (1980): Das Spiel und seine Bedeutung in der psychischen Entwicklung des Kindes. In: Elkonin, D.: Psychologie des Spiels. Berlin, S. 454–458.
28 Ebenda, S. 458–459.
29 Macykowski, M. (2010): Das Gegenteil von Praxis ist Technik. In: Zimpel, A. F. (Hg.): Zwischen Neurobiologie und Bildung. Göttingen, S. 144–146.
30 Wygotski, L. S. (1980): Das Spiel und seine Bedeutung in der psychischen Entwicklung des Kindes. In: Elkonin, D.: Psychologie des Spiels. Berlin, S. 441.
31 Stern, W. (1921): Psychologie der frühen Kindheit. 2. Aufl., Leipzig, S. 313.
32 Ruesch, J. und Bateson, G. (1995): Kommunikation. Die soziale Matrix der Psychiatrie. Heidelberg, S. 237–238.
33 Ebenda, S. 238.
34 Ebenda, S. 234.
35 Jantzen, W. (1987): Allgemeine Behindertenpädagogik. Band 1: Sozialwissenschaftliche und psychologische Grundlagen. Weinheim, S. 282–284; Zimpel, A. F.(2009): Isolation. In: Dederich, M. und Jantzen, W. (Hg.): Behinderung, Bildung, Partizipation, Enzyklopädisches Handbuch der Behindertenpädagogik. Band 2: Behinderung und Anerkennung. Stuttgart, S. 188–192.
36 Bateson, G., Jackson, D. D., Haley, J. und Weakland, J. H. (1996): Auf dem Weg zu einer Schizophrenie-Theorie. In: Bateson et al.: Schizophrenie und Familie. 5. Aufl., Frankfurt/M., S. 11–43.
37 Sartre, J. P. (1977): Der Idiot der Familie. Reinbek, S. 156.
38 Montessori, M. (1997): Kinder sind anders. 12. Aufl., München, S. 80.
39 Montessori, M. (1994): Kinder lernen schöpferisch. 4. Aufl., Freiburg, S. 56.
40 Lewin, K. (1931): Sachlichkeit und Zwang in der Erziehung zur Realität. In: Graumann, C.-F. (1982): Kurt Lewin Werkausgabe. Band 6. Psychologie der Entwicklung und Erziehung. Bern, S. 142.
41 Ebenda, S. 142.
42 Piaget, J. (1969): Nachahmung, Spiel und Traum. Die Entwicklung der Symbolfunktion beim Kinde. Stuttgart, S. 173.
43 Ebenda, S.160.
44 Ebenda, S. 171.
45 Ebenda, S. 174.
46 Wygotski, L. S. (1987): Das Problem der Altersstufen und die Dynamik der Entwicklung. In: Lompscher, J. (Hg.): Lew Wygotski – Ausgewählte Schriften. Band 2: Arbeiten zur psychischen Entwicklung der Persönlichkeit. Berlin, S. 250.
47 Ayres, A. J. (2002): Bausteine der kindlichen Entwicklung. 3. Aufl., Berlin, S. 40.
48 Freud, S. (1992): Das Ich und das Es. Metapsychologische Schriften. Frankfurt/M., S. 265–267.
49 Spitz, R. A. (2000): Angeboren oder erworben? Weinheim, S. 113.

50 Ebenda, S. 76.
51 Ebenda, S. 74–75.
52 Sacks, O. (1991): Der Mann der seine Frau mit einem Hut verwechselte. Reinbek, S. 69–83.
53 DeLoache, J. S. (2006): Wie Kinder in Symbolen denken lernen. In: Spektrum der Wissenschaft 4, S. 56.
54 Castiello, U. et al. (2010): Wired to Be Social: The Ontogeny of Human Interaction. In: PLoS ONE 5(10): e13199. doi:10.1371/journal.pone.0013199.
55 Gopnik, A. (2010): Kleinkinder begreifen mehr. In: Spektrum der Wissenschaft 10, S. 70.
56 Jödecke, M. (2005): Alter Wein in neuen Schläuchen? Versuch zu einer Geometrie der Altersstufen (Elkonin) und deren (heil-)pädagogischen Implikationen. In: Mitteilungen der Luria-Gesellschaft 12(1), S. 20–21.
57 Ayres, A. J. (2002): Bausteine der kindlichen Entwicklung. 3. Aufl., Berlin, S. 106–116.
58 DeLoache, J. S. (2006): Wie Kinder in Symbolen denken lernen. In: Spektrum der Wissenschaft 4, S. 54–59.
59 Lewin, K. (1929): Hanna und der Stein. In: Lück, H.E. (1989) (Hg.): Kurt Lewin. (video: VHS) Fernuniversität, Hagen; Lewin, K. (1930): Die Auswirkung von Umweltkräften. In: Graumann, C.-F. (1982): Kurt Lewin Werkausgabe. Band 6. Psychologie der Entwicklung und Erziehung. Bern, S. 327–329.
60 Peskin, J. (1992). Ruse and representation: On children's ability to conceal information. In: Developmental Psychology 28(1), S. 84–89.
61 Peskin, J. und Ardino, V.: Representing the Mental World in Children's Social Behavior: Playing Hide-and-Seek and Keeping a Secret. In: Social Development 12(4), S. 496–512
62 Luria, A. R. (1998): Jasyk i sosnanie. Moskau, S. 133–140.
63 Weir, M. W. (1964): Developmental changes in problem-solving strategies. In: Psychological Review 71(6), S. 473–490.
64 Gopnik, A. (2010): Kleinkinder begreifen mehr. In: Spektrum der Wissenschaft 10, S. 69.
65 Schneider, W. X. und Deubel, H. (2000): Characterizing chunks in visual short-term memory: Not more than one feature per dimension? In: Behavioral and Brain Sciences 24(1), S. 144–145.
66 Zimpel, A. F. (2008): Der zählende Mensch. Was Emotionen mit Mathematik zu tun haben. Göttingen, S. 33–44.
67 Ebenda, S. 165–182.
68 Dehaene, S. (1999): The Number Sense. How the Mind Creates Mathematics. Oxford, S. 71.
69 Gopnik, A. (2010): Kleinkinder begreifen mehr. In: Spektrum der Wissenschaft 10, S.71.
70 Ebenda, S. 72.
71 Piaget, J. (1972): Theorien und Methoden der modernen Erziehung. Wien, S. 337–341.
72 Gopnik, A. (2010): Kleinkinder begreifen mehr. In: Spektrum der Wissenschaft 10, S. 72.
73 Piaget, J. (1972): Theorien und Methoden der modernen Erziehung. Wien., S. 339.
74 Zimpel, A. F. (2005): Recursion, Reiterations and Remarkableness: An Ontogenetic Approach to a Theory of the Observer. In: Kybernetes 34(3), S. 521–542; Zimpel, A. F. (2008): Der zählende Mensch. Was Emotionen mit Mathematik zu tun haben. Göttingen, S. 170–173.
75 Ross, P. E. (2007): Wie Genies denken. In: Spektrum der Wissenschaft 1, S. 37.
76 Ebenda, S. 41.
77 Vogel, E. et al. (2005): Neural measures reveal individual differences in controlling access to working memory. In: Nature 438 (24), S. 500–503.
78 Jäggi, S. M. et al. (2008): Improving fluid intelligence with training on working memory. In: Proceedings of the National Academy of Sciences 105(19), S. 6829–6833.
79 Gläscher, J. et al. (2009): Lesion Mapping of Cognitive Abilities Linked to Intelligence. In: Neuron 61 (5), S. 681–691.
80 Hüther, G. (2009): Pubertäres Durcheinander. In: Praxis Schule 3, S. 11.
81 Luria, A. (1970): Die höheren kortikalen Funktionen des Menschen und ihre Störungen bei örtlichen Hirnschädigungen. Berlin, S. 84.
82 Luria, A. (1992): Gehirn in Aktion. Reinbek, S. 90.

83 Ebenda, S. 83.
84 Gopnik, A (2010): Kleinkinder begreifen mehr. In: Spektrum der Wissenschaft 10, S. 73.
85 Ziemen, K. (2010): Kompetenz und Didaktik. In: Zeitschrift für Heilpädagogik 11, S. 431.
86 Fröbel, F. (1826): Spiel als höchste Stufe der Kindesentwicklung. In: Scheuerl, H. (1975) (Hg.): Theorien des Spiels. 10. Aufl., Weinheim, S. 46.

Nachwort

1 Bueb, Bernhard (2008): Lob der Disziplin: Eine Streitschrift. Berlin
2 Chua, Amy (2011): Die Mutter des Erfolgs – wie ich meinen Kindern das Siegen beibrachte. München.
3 Ebenda, S. 71
4 Ebenda, S. 59
5 Ebenda, S. 135
6 Ebenda, S.34
7 Rosenberg, Marshall B. (2009): Gewaltfreie Kommunikation. Eine Sprache des Lebens. 8. Auflage, S. 155
8 Ebenda, S. 150
9 Ebenda, S. 150

Personenverzeichnis

Andersen, S. L. – 147
Ardino, V. – 143
Ayres, A. J. – 114, 119, 152, 153

Bateson, G. – 110, 111, 152
Bauer, J. – 17, 147
Bayes, T. – 133
Berk, L. E. – 75, 150
Berns, G. – 64, 65, 149
Binet, A. – 59
Bläsius, J. – 145
Brand, S. – 148
Brunak, S. – 148
Bueb, B. – 143, 154
Bühler, K.

Castiello, U.
Chua, A. – 144, 146, 154
Coppius, M. – 15, 147
Correll, W. – 147

Dehaene, S. – 153
DeLoache, J. S. – 116, 153
Deubel, H. – 153
de Waal, F. B. M. – 100, 152
Donald, M. – 100, 152

Eisenhower, D. D. – 25
Elkonin, D. – 101, 102, 151–153

Farrara, M. J. – 151
Fischer, B. – 137
Fogassi, L. – 150
Frank, H. – 147
Freud, S. – 58, 73, 86, 115, 116, 152
Fröbel, F. – 14–17, 19, 20, 21, 28, 29, 31, 40, 41, 52, 69, 84, 88, 105, 140, 142, 146, 147, 154

Gallese, V. – 150
Gauß, J. C. F. – 137

Gläscher, J. – 138, 153
Gopnik, A. – 18, 63, 84, 91, 96, 118, 130-133, 140, 147–151, 153, 154
Graumann, C.-F. – 149, 152, 153
Guevara, C. – 60

Haley, J. – 152
Hebb, D. O. – 24, 25, 147, 148
Hegel, G. W. F. – 76, 77, 150
Heiland, H. – 149
Heimlich, U. – 101, 102, 152
Hergé – 43
Herrmann, E. – 99, 151
Hill, J. – 92, 151
Hüther, G. – 7, 8, 19, 85, 138, 147, 151, 153

Jackson, D. D. – 152
Jäggi, S. M. – 137, 153
Jantzen, W. – 111, 152
Jödecke, M. – 118, 153
Judowitsch, F. – 150

Kahl, R. – 147
Kahlenberg, S. M. – 151
Kant, I. – 76, 150
Korittko, A. – 147
Kramer, R. – 148
Kuhl, P. K. – 148, 149, 151

Lange, W. – 147
Lassonde, M. – 93, 151
Lautrup, B. – 148
Lennon, J. – 44
Leontjew, A. N. – 148, 150
Lewin, K. – 42-52, 61, 64, 69, 70, 74, 78, 79, 87, 107, 113, 120, 123, 124, 145, 146, 148, 149
Lieberman, J. N. – 69, 146
Lifanova, T. M. – 146
Lilly, J. C. – 60, 149
Lippitt, R. – 145

Locke, J. – 20, 147
Lompscher, J. – 150-152
Lück, H. E. – 149, 153
Lupien, S. – 147
Luria, A. R. – 74, 81, 128, 150, 153

Macykowski, M. – 148
Mampe, B. – 93, 151
Magritte, R. – 59,
Marten, K. – 150
Marx, K. H. – 75, 77
McGowan, P. O. – 147
Meltzoff, A. N. – 148, 149, 151
Miller, A. – 16, 17, 147
Milner, P. – 147
Mogel, H. – 148
Montessori, M. – 29, 31–38, 40–42, 46, 47, 49, 53, 54, 58, 61–63, 66, 69, 70, 75, 84, 85, 87, 103, 107, 112, 113, 123, 124, 135, 146, 148, 149, 151, 152
Mozart, W. A. – 93, 137

Neubauer, A. – 148
Nietzsche, F. – 72, 150

Oerter, R. – 102, 152
Olds, J. – 24, 151

Pascalis, O. – 148
Pauen, S. – 96, 151
Pawlow, I. P. – 22, 23, 67, 147
Peskin, J. – 127, 128, 149
Piaget, J. – 54, 57–64, 66–73, 75, 76, 78, 84, 86, 91, 95–97, 99–102, 106, 113, 114, 132–136, 146, 149, 150, 152, 153
Posner, M. I. – 148
Potenza, M. N. – 149
Pulaski, M. A. – 69, 150

Raichle, M. E. – 148
Rakic, P. – 148
Rayner, R. – 147
Rizzolatti, G. – 66, 67, 150
Rosenberg, M. – 145, 154

Ross, P. E. – 137, 153
Rousseau, J. J. – 59
Ruesch, J. – 148

Sacks, O. – 98, 151, 153
Sartre, J. P. – 112, 152
Scheuerl, H. – 148, 154
Schiller, F. – 14, 147
Schmidt, M. – 43
Schneider, W. X. – 153
Schwering, J. – 148
Simon, T. – 59
Sinigaglia, C. – 150
Skinner, B. F. – 20, 23–29, 31, 36, 38, 42, 53, 65, 67, 72, 83, 86, 100, 126, 129, 146, 148
Slater, L. – 147
Slawina, S. L. – 102, 103, 152
Spencer, H. – 32, 148
Spitz, R. A. – 115, 116, 152
Spitzer, M. – 18, 72, 147, 148, 150
Stern, W. – 34, 35, 66, 110, 148, 152

Tang, Y.-Y. – 39, 148
Tippmann-Peikert, M. – 47, 149
Tomasello, M. – 27, 97, 148, 151

Ustinov, P. – 60

Vaish, A. – 19, 147
Vogel, E. – 137, 153
Vygodskaja, G. L. – 150

Warneken, F. – 148
Watson, J. B. – 20, 21, 22, 23, 42, 86, 147
Weakland, J. H. – 152
Weir, M. W. – 129–132, 137, 153
Winkler, I. – 151
Wittgenstein, L. – 99, 151
Wrangham, R. W. – 83, 151
Wygotski, L. – 54, 69–80, 83–85, 87, 94, 98, 100–103, 107, 114, 123, 124, 146, 150, 151, 152

Ziemen, K. – 141, 154
Zimpel, A. F. – 148, 150, 152, 153

Stichwortverzeichnis

Abstraktion – 50-54, 61, 62, 64, 79
Affe – 99
Akkommodation – 60, 61, 64, 66, 114
Amygdala – 18, 65
Angst – 7, 22, 47, 60, 86, 93, 118, 124, 140
Ansteckung – 67, 68, 72
Äquilibration – 60, 61, 149
Arbeit – 15, 32-34, 41, 42, 62, 77,
Aufforderungscharakter – 47, 52
Aufmerksamkeit – 26, 29, 38–40, 44, 49, 53, 88, 91, 92, 94, 96, 97, 100-102, 105, 106, 120–123, 125, 130, 131, 135–137, 141

Baby – 37, 63, 67, 68, 76, 77, 83, 91, 93, 95-98, 100, 116
Behaviorismus – 20, 21, 42
Belohnung – 27, 48, 99, 126
Beziehungskommunikation – 109–112, 118, 121, 124, 139
Bonobo – 101, 139
Botenstoff – 47, 64

Computer – 7, 9, 23, 24, 27–29, 50, 94, 98, 137

Delfin – 83
Diagnostik – 39, 107, 121, 125
Dialog – 85, 93, 98, 119, 141
digital – 98,
Dissoziation – 17
Dopamin – 47, 48, 64, 65, 72

EEG – 94, 137
Egozentrismus – 57, 58, 60, 71, 73, 78, 80, 84, 86
Eltern – 7, 8, 9, 10, 13, 14, 27, 37, 50, 63, 69, 81, 91-96, 98, 106, 107, 109–114, 117, 122, 124, 127, 133, 134, 136, 140, 141
Emotionen – 20, 39, 118
Ernstspiel – 34, 35, 66, 104, 105
Ersatzhandlung – 43, 45, 48, 50, 51, 52, 79
Ersatzwert – 48, 50, 51, 79, 80, 123–125, 126, 136

Erwachsene – 7, 8, 16, 19, 27, 31, 34–39, 41, 46, 52, 57, 63, 68, 70–72, 77, 80–82, 84–88, 91–93, 95, 97, 103, 104, 109, 111, 112, 122, 123, 125, 126, 129, 131, 132, 137, 139
Erziehungsstil – 52

Familie – 19, 77, 93, 110, 112, 123
Fantasie – 8, 10, 13, 20, 33, 41, 42, 44–46, 48, 49, 51–54, 64, 69, 74, 79–82, 85–88, 91, 96, 101–104, 121, 141, 143, 146
Fehler – 16, 21, 26, 82, 145

Gebärden – 96–98, 100
Gewalt – 16-18, 20, 28, 109, 143, 144
Gorilla – 139
Gyri Cinguli – 18, 39, 40

Hippocampus – 17
Hund – 8, 22, 79, 124
Ich-Gefühl – 114, 116, 117
Ignorieren – 26, 29
Inhaltskommunikation – 110
Irrealität – 42, 45, 46, 49, 51, 61, 113
Isolation – 28, 60, 111, 112, 114, 123

Jugendalter – 35, 88, 139
Jungen – 22, 27, 31, 44, 80-83, 99, 124

Kinderarbeit – 42
Kinderarmut – 85
Kindergarten – 10, 13–15, 19, 20, 28, 29, 31, 45, 59, 81, 103, 109, 123, 125, 140–143
Kleinkind – 18, 27, 37, 38, 54, 61, 66, 75, 77, 84, 88, 95–97, 99, 100, 105, 116, 118–120
Konstruktivismus – 59
Kooperation – 85, 87, 91, 95, 123, 143
Körperselbstbild – 116, 117, 119, 120, 121
Kreisreaktion – 45, 62–64, 67, 68, 75, 105
Kybernetik – 24, 37, 38, 40, 110

Laissez-faire – 21, 36, 52
Lebensraum – 46, 47, 52, 61, 87
Lernschwierigkeit – 15, 48-51, 78–80, 106, 107, 136
Lernforschung – 21, 129
Lernklima – 21, 26
Lüge – 60, 111, 113, 127

Mädchen – 27, 78, 99, 102, 116
Makake – 66, 92
Metakompetenz – 82, 85, 86, 136, 139
Mnemomotorik – 43–45
Monolog – 57, 58, 60, 71, 73, 77, 91, 92, 98, 100, 102, 103, 144
Musik – 33, 73, 93, 131, 137, 144
Muttersprache – 93

Nachahmung – 63, 64, 66-68, 72, 87, 99, 100, 119, 120, 132
Nucleus accumbens – 24, 48, 65, 72

Objektpermanenz – 95–97, 99, 100, 105
Objektspiel – 91, 95, 101, 104, 106, 121, 141, 145
Oktopus – 97
Orang Utan – 97, 99, 139

Papagei – 82, 97
Paradoxie – 37, 40, 111, 137

Rhythmus – 72, 93
Rollenspiel – 80, 91, 101–107, 109, 112, 114, 117, 118, 121–124, 126–128, 139, 145
Romantik – 14, 15, 19, 21, 28, 19, 52, 142, 143
Rückmeldung – 21, 23, 25, 27–29, 37, 48, 53, 63, 100, 129

Sättigung – 48, 49, 78–80, 123–126
Säugling – 38, 62, 67, 77, 84, 91, 93, 94, 96, 97, 101, 105, 117–119
Scham – 121, 126
Scheitelhirn – 138
Schimpanse – 83, 84, 97, 99–101, 139
Schuld – 27, 141
Schule – 10, 15, 29, 31, 33, 37, 48, 49, 57, 74, 78, 83, 88, 142
Selbstbewusstsein – 77, 109, 122, 124, 125
Selbstgespräch – 71, 74, 75, 84, 91, 100

Sensomotorik – 44, 45, 61–64, 68, 83, 84, 95, 106
Septum – 24
Spaß – 32, 34, 53, 66, 72, 76, 87, 120, 125, 126
Spiegel – 100, 113, 114, 116, 117, 119, 121
Spiegelneurone – 66, 72, 94
Spielbegriff – 32
Spielerei – 34, 142
Spielgabe – 14, 105
Spielplatz – 92, 106, 129
Spielstufen – 106, 109, 121, 125, 141
Spieltheorie – 14, 27, 28, 29, 40, 69, 105, 133, 134
Spielzeug – 9, 10, 14, 20, 27, 34, 41, 83–85, 96, 99, 102, 109, 122, 125, 143
Spinne – 97
Sprache – 13, 28, 37, 38, 44, 58, 60–62, 64, 67–69, 71, 73–75, 80, 81, 84, 86, 91-101, 119, 128
Stammhirn – 115
Steuerung – 24, 38, 40, 47, 68, 91, 92, 95, 97, 98, 116, 119, 129, 138, 141
Stirnhirn – 39, 66, 138–140
Sujetspiel – 91, 101–104, 106, 109, 112, 121, 122, 128, 141, 145
Symbolspiel – 68, 83, 84, 92, 96, 99–102

Tanz – 119, 122
Tod – 113, 140
Traum – 41, 43, 45, 46, 58, 60, 69, 80, 85, 86, 101, 113, 121, 139

Umgebung – 36, 40, 41, 52, 53, 63, 64, 103, 118, 123
Umdeutung – 78, 123, 125

Vernachlässigung – 16, 140
Verneinung – 129
Verstärkung – 24–27, 129
Vögel – 82, 97
vorsprachlich – 95

Wahrscheinlichkeit – 131, 133–135
Wettbewerb – 7, 106, 121, 122, 133, 141, 145
Wettspiel – 104, 105, 126, 145

Zeichen – 82, 92, 97–99, 106, 130
Zeichnen – 31, 45, 48, 49, 53, 57, 71, 73, 77–80, 124
Zwilling – 80, 81, 116, 117

Der Weg zur inklusiven Lernkultur — V&R

André Frank Zimpel
Einander helfen
Der Weg zur inklusiven Lernkultur
2012. 204 Seiten, mit 27 Abb., kartoniert
ISBN 978-3-525-70143-0

E-Book: ISBN 978-3-647-70143-1

Wer viel hat, dem wird gegeben; wer wenig hat, dem wird genommen. Diese Faustformel, auch Matthäus-Effekt genannt, untergräbt die Demokratie und droht unsere Gesellschaft zu spalten.

Sinnvolle Maßnahmen zielen deshalb immer auf Normalisierung: Stärkere helfen Schwächeren. Dasselbe sollte natürlich auch für unser Bildungssystem gelten. Chancengleichheit allein genügt nicht, weil sie viele Fragen offen lässt, wie zum Beispiel: Wie stärkt man möglichst alle Lernenden im gemeinsamen Unterricht? Wie pluralisiert man die Lernwege so, dass niemand auf der Strecke bleibt? Wie vermeidet man bei möglichst allen Lernenden schwächende Frustrationserlebnisse, die als Aversionen die weitere Lernbiografie beeinträchtigen könnten? Diesen Fragen geht das Buch nach und klärt sie in drei Schritten. Die Teilfragen lauten:

- Welche Faktoren stärken und welche Faktoren schwächen das Lernen nach dem aktuellen Stand der Hirnforschung?
- Welche Bedeutung haben die typisch menschlichen Fähigkeiten, Hilfe anzunehmen und zu helfen, für die geistige Entwicklung von Kindern?
- Wie kann gemeinsames Lernen in (integrativen / inklusiven) Schulen so gelingen, dass alle davon profitieren?

Vandenhoeck & Ruprecht

Selbstbewusstsein und Selbstwirksamkeitserfahrungen für Kinder

V&R

Irit Wyrobnik (Hg.)
Wie man ein Kind stärken kann
Ein Handbuch für Kita und Familie
Mit einem Vorwort von Gabriele Haug-Schnabel.
Frühe Bildung und Erziehung.
2012. 347 Seiten, kartoniert
ISBN 978-3-525-70134-8

Einfach nur Kind zu sein – das ist in unserer heutigen Welt gar nicht so einfach. Wie rüstet man Kinder für ihre Zukunft?

Wie können wir Kinder in wichtigen Übergangssituationen stärken, z. B. beim Übergang von der Familie in den Kindergarten? Wie werden wir unterschiedlichen Kindern gerecht, z.B. Mädchen, Jungen, Kindern mit Migrationshintergrund? Welche Medien, Formen und Bildungsgelegenheiten können hierbei besonders hilfreich sein? Wie kann man etwa Kinder unterstützen, die ein Familienmitglied verloren haben oder in Trennungs- / Scheidungsfamilien aufwachsen? Kann man Kinder vor Drogen und sexuellem Missbrauch schützen? Viele Fragen – viele wissenschaftlich und elementarpädagogisch fundierte Antworten für Kita und Familien!

»Ein wirklich wichtiges Buch, das offenbar ein starkes aktuelles Bedürfnis trifft. Endlich mal eine Pädagogik zum Anfassen, die auf leere Redensarten verzichtet - die auf Wissenschaft zurückgreift,ohne Laien einzuschüchtern. Ich sage dem Buch eine starke Zukunft voraus.« *Horst Rumpf, Professor (em.) für Erziehungswissenschaft*

»Für alle, die mit Kindern im Kita-Alltag in ihrer beruflichen Praxis umgehen oder eine entsprechende Ausbildung absolvieren, ein sehr lesenswertes Buch!«
Margherita Zander, Professorin an der FH Münster, Fachbereich Sozialwesen und Sozialpolitik.

Vandenhoeck & Ruprecht